MANUEL

A L'USAGE

DES

PRÉSIDENTS DES CONSEILS DE GUERRE,

PAR

Etienne PELOUX,

Officier d'Administration de la Justice militaire,
Greffier près le 1er Conseil de guerre de la 9e Division militaire
à Marseille.

CAEN,
IMPRIMERIE DOMIN,
Cour de la Monnaie.

MARSEILLE,
CHEZ L'AUTEUR,
Fort Saint-Nicolas.

1867.

MANUEL

A L'USAGE

DES

PRÉSIDENTS DES CONSEILS DE GUERRE,

PAR

Étienne PELOUX,

Officier d'Administration de la Justice militaire,
Greffier près le 1er Conseil de guerre de la 9e Division militaire
à Marseille.

CAEN,
IMPRIMERIE DOMIN,
Rue Notre-Dame, 70, cour de la Monnaie.

MARSEILLE,
CHEZ L'AUTEUR,
Fort Saint-Nicolas.

1867.

AVANT-PROPOS.

Il n'existe pas encore de livre spécial qui puisse guider les présidents des Conseils de guerre dans leurs graves et difficiles fonctions.

Les ouvrages de doctrine et de jurisprudence (1), les Guides (2) fort bien faits qui ont paru jusqu'ici ne dispensent pas un président de longues et pénibles études, et il a toujours à craindre de ces lacunes, de ces omissions qui peuvent donner lieu à des nullités regrettables, à des recours en révision qui remettent en question les affaires les mieux instruites.

Une assez longue expérience des Conseils de guerre nous a déterminé à essayer, selon nos forces, d'écrire le

(1) *Commentaire sur le Code de Justice militaire,* par V. Foucher.
(2) *Manuel pratique des tribunaux militaires,* par P. Alla.

Manuel que nous soumettons aux juges compétents. Nous n'avons pas la prétention de mettre au jour une œuvre de légiste ou de littérateur ; mais nous croyons avoir fait une œuvre utile, et si elle rend quelques services, nous serons payé de la peine qu'elle nous a coûtée.

E. PELOUX.

SOMMAIRE DES CHAPITRES.

CHAPITRE Ier. — Débats.

CHAPITRE III. — Délibération.

Pages.

SECTION 1re. — JUGEMENT DE CONDAMNATION.

CHAPITRE IV. — Pouvoir discrétionnaire.

CHAPITRE V. — Défenseur. — Des droits de la défense. 77

CHAPITRE VI. — Moyens d'incompétence. — Exceptions et incidents divers.

CHAPITRE VII. — Modèles d'actes judiciaires.

CHAPITRE VIII. — Formules des questions à poser.

APPENDICE.

MANUEL

A L'USAGE

DES

PRÉSIDENTS DES CONSEILS DE GUERRE.

CHAPITRE PREMIER.

Débats.

SECTION 1re. — Nomination et grade du président.

I. — Par qui sont nommés les présidents.

1. Le président d'un Conseil de guerre est nommé par le général commandant la division ou par le ministre de la guerre.

2. La nomination est faite par le général de division, lorsque le Conseil de guerre est appelé à juger depuis le simple soldat jusqu'au grade inclus de lieutenant-colonel.

3. S'il s'agit du jugement d'un colonel, d'un officier général ou d'un maréchal de France, c'est le ministre qui nomme le président. (Art. 108 du Code de Justice militaire.)

1

II. — Grade du président selon le rang de l'accusé.

4. Un lieutenant-colonel ou un colonel préside le Conseil qui doit statuer judiciairement sur le sort d'un soldat, caporal ou brigadier, sous-officier, sous-lieutenant, lieutenant et assimilé militaire jusqu'au grade d'adjudant d'administration en premier.

5. Pour le jugement d'un capitaine, des assimilés jusqu'au grade d'officier comptable de 1re classe, des adjoints de 2e classe, de l'intendance militaire et des aumôniers ordinaires, le Conseil de guerre est présidé par un colonel.

6. Pour les chefs de bataillon, d'escadron, majors, lieutenants-colonels, les assimilés jusqu'au grade d'officier principal de 1re classe, les adjoints de 1re classe, les sous-intendants militaires de 2e classe et les aumôniers chefs de service, le Conseil est présidé par un général de brigade.

7. Lorsqu'il s'agit d'un colonel ou d'un sous-intendant militaire de 1re classe, c'est un général de division qui est appelé à présider.

8. Enfin, pour un général de brigade, un intendant divisionnaire, un médecin pharmacien inspecteur, un général de division ou maréchal de France, le président doit être maréchal. (Art. 10 du C. de J. M. et décret du 18 juillet 1857.)

9. Une lettre ministérielle, en date du 16 mai 1859, porte qu'à défaut de colonel ou de lieutenant-colonel présent dans le lieu où siége un Conseil de guerre, on peut compléter ce Conseil en nommant un deuxième officier supérieur pris parmi les chefs d'escadron ou de bataillon et les majors en activité de service dans la division. Le rang d'ancienneté détermine celui des deux officiers supérieurs à qui la présidence est dévolue (1).

(1) Voici d'ailleurs, aux termes de l'article 10 du C. de J. M. et du décret

10. Le président peut être remplacé tous les six mois, et même dans un délai moindre s'il cesse d'être employé dans la division. (Art. 6 du C. de J. M.)

du 18 juillet 1857, la composition d'un Conseil de guerre selon le grade ou le rang de l'accusé.

GRADE DE L'ACCUSÉ.	PRÉSIDENT.	GRADES DES JUGES.
Sous-officier, caporal ou brigadier, soldat, ouvrier d'Etat, chef armurier de 2e ou 1re classe, gardien de batterie, maître ouvrier immatriculé, ouvrier immatriculé, portier consigne, portier concierge, éclusier, et autre agent y assimilé, sous-chef de musique, musicien de 3e, 2e ou 1re classe, enfants de troupe.	Colonel ou lieutenant-colonel.	1 chef de bataillon, d'escadron ou major. 2 capitaines. 1 lieutenant. 1 sous-lieutenant. 1 sous-officier.
Sous-lieutenant, médecin, pharmacien sous-aide, aide-vétérinaire de 2e ou 1re classe, chef artificier, sous-chef ouvrier d'Etat, contrôleur de 2e ou 1re classe.	*Idem.*	1 chef de bataillon, d'escadron ou major. 2 capitaines, 1 lieutenant et 2 sous-lieutenants.
Lieutenant, médecin, pharmacien, aide-major de 2e ou 1re classe, adjudant en 2e ou en 1re, vétérinaire de 2e ou 1re classe, garde d'artillerie, du génie ou des équipages de 2e ou de 1re classe, ou garde principal, maître artificier, chef ouvrier d'Etat, contrôleur principal, interprète de 3e, 2e ou 1re classe, interprète principal.	*Idem.*	1 chef de bataillon, d'escadron ou major. 3 capitaines. 2 lieutenants.
Capitaine, adjoint de 2e classe, médecin, pharmacien major de 2e ou de 1re classe, officier comptable de 2e ou 1re classe, vétérinaire principal, aumônier ordinaire.	Colonel.	1 lieutenant-colonel. 3 chefs de bataillon, d'escadron ou majors, 2 capitaines.
Chef de bataillon, d'escadron, major, adjoint de 1re classe, médecin, pharmacien principal de 2e ou de 1re classe, officier principal de 2e ou 1re classe, aumônier chef de service.	Général de brigade.	2 colonels, 2 lieutenants-colonels, 2 chefs de bataillon, d'escadron ou majors.
Lieutenant-colonel, sous-intendant de 2e classe.	*Idem.*	4 colonels. 2 lieutenants-colonels.
Colonel, sous-intendant de 1re classe.	Général de division.	4 généraux de brigade. 2 colonels.
Général de brigade, intendant divisionnaire, médecin, pharmacien inspecteur.	Maréchal de France.	4 généraux de division. 2 généraux de brigade.
Général de division, intendant général.	*Idem.*	2 maréchaux de France. 4 généraux de division.
Maréchal de France.	*Idem.*	3 maréchaux ou amiraux. 3 généraux de division.

Observations relatives aux membres du parquet.

Aux termes de l'article 16 du Code de J. M., les fonctions de commissaire impérial sont remplies par un officier d'un grade ou d'un rang au moins égal à celui de l'accusé ; mais lorsqu'il s'agit de juger un maréchal de France, les fonctions du ministère public peuvent être remplies par un général de division (art 12). Lorsqu'un commissaire impérial est spécialement nommé pour le jugement d'une affaire, il est assisté du commissaire ordinaire ou de l'un de ses substituts. (Art. 16, IIe paragraphe.)

Les fonctions de rapporteur sont remplies par un officier général, lorsqu'il s'agit de juger un maréchal de France. Hors ce cas, le rapporteur continue ses fonctions.

Le greffier ne change pas, quel que soit le grade de l'accusé.

SECTION 2. — SÉANCE.

I. — Publicité des séances.

11. Les séances doivent être publiques, à peine de nullité.

II. — Huis-clos.

12. Cependant, si la publicité paraît dangereuse pour l'ordre ou les mœurs, le Conseil peut ordonner que les débats auront lieu à huis-clos. Dans tous les cas, le jugement est prononcé publiquement. (Art. 113 du C. de J. M. — Voir la formule de jugement sous le n° 423.)

13. Il n'est pas nécessaire que la parole soit donnée à l'accusé, sur le point de savoir si le huis-clos requis par le ministère public doit être prononcé. (Arr. de Cassation des 24 février 1860 et 5 juillet 1866.)

14. C'est ordinairement après la constatation de l'identité de l'accusé que le commissaire impérial propose que les débats aient lieu à huis-clos. Le Conseil délibère et prononce publiquement son jugement. Aussitôt après, le président fait évacuer la partie de la salle occupée par le public, et prend des mesures pour empêcher que personne n'y rentre sans son autorisation.

15. Le jugement ordonnant le huis-clos doit déclarer, à peine de nullité*, que la publicité serait dangereuse pour l'ordre et les mœurs. (Arr. 28 avril 1837.)

16. La mesure du huis-clos, essentiellement d'ordre public, est abandonnée à la conscience et à la prudence du tribunal devant lequel sont portés les débats. (Arr. 5 juillet 1866.)

17. Le Conseil peut ordonner le huis-clos avant la lecture de l'acte d'accusation. (Arr. 1er octobre 1857.)

18. Le huis-clos peut n'être ordonné que pour une partie des débats. (Arr. des 1er février 1839 et 25 août 1853.)

19. Lorsque la déposition d'un témoin paraît de nature à entraîner des explications dangereuses pour l'ordre et les mœurs, le Conseil peut ordonner que l'audition de ce témoin aura lieu à huis-clos. (Arr. 19 février 1841.)

20. Dans l'usage, l'entrée de l'audience n'est pas interdite aux membres du barreau pendant le huis-clos. D'autres personnes peuvent être autorisées à assister aux débats, alors que surtout il n'y a aucune opposition de la part de l'accusé. (Arr. 19 février 1841.)

III. — Incidents pendant le huis-clos.

21. S'il survenait dans le cours des débats à huis-clos quelque incident qui motivât un jugement, le président ferait rouvrir les portes de l'auditoire, et le prononcerait publiquement, sauf à reprendre ensuite les débats à huis-clos.

22. Si le Conseil a rendu sans publicité un arrêt-incident, il peut, tant que le débat n'est pas terminé, réparer cette faute. Il faut rapporter l'arrêt qui a été prononcé à huis-clos et annuler tout ce qui a suivi, prononcer ensuite cet arrêt dans les mêmes termes, en audience publique et recommencer la procédure. (Arr. 26 janvier 1844.)

23. Les ordonnances que rend le président pour l'exercice de son pouvoir discrétionnaire, peuvent être prononcées sans que l'audience redevienne publique. (Arr. 6 avril 1854.)

IV. — Police de l'audience.

24. Le président a la police de l'audience. (Article 114 du C. de J. M.)

V. — Pouvoir discrétionnaire.

25. Le président est investi d'un pouvoir discrétionnaire pour la direction des débats et la découverte de la vérité. (Article 125 du C. de J. M.) Il doit rejeter tout ce qui tendrait à prolonger les débats sans donner lieu d'espérer plus de certitude dans les résultats. (Article 270 du Code d'Instruction criminelle.)

SECTION 3. — Assistants dans l'auditoire.

I. — Trouble et tumulte.

26. Lorsque les assistants, auxquels la loi prescrit de se tenir dans le respect et le silence, donnent des signes d'approbation ou d'improbation, le président peut les faire expulser. S'ils résistent, le président ordonne leur arrestation et leur détention qui ne peut excéder quinze jours. (Voir les formules sous les n°s 431, 432 et 436.) Les militaires sont conduits à la prison militaire; les autres individus à la maison d'arrêt civile.

27. Le procès-verbal fait mention de l'ordre du président, et, sur l'exhibition de cet ordre au gardien de la prison, les perturbateurs y sont reçus.

II. — Trouble ou tumulte pour empêcher le cours de la justice.

28. Si les assistants causent du trouble ou du tumulte dans le but de mettre obstacle au cours de la justice, les perturbateurs, quels qu'ils soient, sont, audience tenante, déclarés coupables de rébellion par le Conseil de guerre, et punis d'un emprisonnement qui ne peut excéder deux ans et dont le minimum est de six jours. (Voir la formule sous le nº 431.)

III. — Outrages ou voies de fait envers les membres du Conseil.

29. Si les assistants se rendent coupables envers le Conseil de guerre, ou l'un de ses membres, de voies de fait, ou d'outrages ou menaces par propos ou gestes, ils sont condamnés, séante tenante, les militaires, aux peines édictées par les articles 223 ou 224 du Code de Justice militaire (pendant le service); les autres individus, aux peines portées par les articles 223 et 228, 2e §, du Code pénal. (Article 115 du C. de J. M. — Voir la formule de jugement sous le nº 432. — Voyez également les observations consignées sous le nº 38, dans le cas où les voies de fait ou les outrages seraient commis envers le greffier.)

SECTION 4. — De l'accusé.

I. — Ouverture de la séance. — Identité de l'accusé.

30. Lorsque les membres du Conseil ont pris leurs places respectives (1), le président déclare que la séance est ouverte

(1) Dans la composition ordinaire d'un Conseil de guerre, les juges se placent dans l'ordre suivant : *A droite du président*, le chef de bataillon, le capitaine le moins ancien et le sous-lieutenant. — *A gauche du président*, le capitaine le plus ancien, le lieutenant et le sous-officier.

Si par suite du grade de l'accusé, la composition du Conseil devait être modifiée, la même règle serait observée suivant le grade et l'ancienneté des juges.

et fait amener l'accusé qui doit être libre et sans fers, et dont il constate immédiatement l'identité par les questions suivantes :

— Quels sont vos nom et prénoms ?

— Votre âge ?

— Votre profession ?

— Votre demeure et le lieu de votre naissance ?

31. Si l'accusé refuse de répondre, il est passé outre. (Article 117 du C. de J. M.)

II. — Refus de comparaître à l'audience.

32. Si l'accusé refuse de comparaître, sommation d'obéir à la loi lui est faite par un agent de la force publique commis à cet effet par le président. Cet agent dresse procès-verbal de la sommation et de la réponse de l'accusé. (Voir la formule sous le n° 439.)

33. Si l'accusé n'obtempère pas à la sommation, le président peut ordonner qu'il soit amené par la force ; il peut aussi, après lecture faite du procès-verbal constatant la résistance de l'accusé, ordonner qu'il soit passé outre aux débats. (Art. 118 du Code de J. M. — Voir la formule sous le n° 440.)

34. Le greffier, après chaque audience, donne lecture à l'accusé qui n'a pas comparu, du procès-verbal des débats, et il lui signifie copie des réquisitions du commissaire impérial, ainsi que des jugements rendus qui sont tous réputés contradictoires.

35. L'article 8 de la loi du 9 septembre 1835, veut qu'il soit dressé procès-verbal de la sommation à comparaître ; ce procès-verbal, néanmoins, n'est un acte essentiel de la procédure que dans le cas où la sommation est suivie de résistance de la part de l'accusé. (Arr. du 21 juillet 1859.)

III. — Clameurs par l'accusé. — Outrages et voies de fait envers le Conseil.

36. Si l'accusé, par des clameurs ou par tout autre moyen, causait du tumulte et mettait obstacle au libre cours de la justice, le président pourrait le faire reconduire en prison ; il serait ensuite procédé aux débats et au jugement comme si l'accusé était présent. Ce dernier pourrait être condamné, pour ce seul fait, à un emprisonnement qui ne peut excéder deux ans.

37. Si l'accusé se rend coupable de voies de fait, d'outrages, ou de menaces par propos ou gestes envers le Conseil ou l'un de ses membres, il sera condamné séance tenante, aux peines prononcées contre ces crimes ou délits, lorsqu'ils auront été commis envers des supérieurs pendant le service. (Art. 119 du C. de J. M. — Voir la formule sous le n° 432.)

38. Dans son commentaire sur le Code de Justice militaire (n° 681), M. V. Foucher ne pense pas qu'on puisse considérer les greffiers comme membres du Conseil dans le sens des articles 115 et 119, bien que leur présence soit nécessaire pour compléter le Conseil. Par suite, les outrages, les menaces ou les voies de fait dont ils pourraient être l'objet dans l'exercice de leurs fonctions devraient être réprimés par les articles 224, 227, 230, 231, 232 et 233 du Code pénal.

Mais il semble qu'on pourrait opposer à l'opinion de M. V. Foucher que le greffier, étant officier d'administration, c'est-à-dire militaire, le fait de l'accusé contre le greffier doit être réputé *crime* ou *délit militaire*. Et cela est si vrai que si les faits se passaient en dehors de l'audience, leur criminalité serait ressortissante d'un Conseil de guerre et entraînerait l'application des articles 223 ou 224 du Code de Justice militaire. A plus forte raison, doivent-ils l'être lorsqu'ils se passent en séance publique, où la présence seule du Conseil constitue l'aggravation. En rapprochant d'ailleurs l'opinion exprimée par M. V. Foucher, sous le nº 681 indiqué ci-dessus, des réflexions consignées plus loin par le même auteur, on reste frappé de la justesse de notre observation.

Voici comment s'exprime M. V. Foucher dans une note faisant suite aux alinéas 1502 et 1503, relatifs aux voies de fait commises par un militaire envers un supérieur :

« . . . . M. Langlais, dans son rapport (au Corps législatif), semble établir une distinction susceptible de critique lorsqu'il dit : « Le supé-» rieur est, pour toute l'armée, le militaire qui a un grade plus élevé ; » mais l'assimilé n'est le supérieur que des individus placés sous ses » ordres. » Ces deux propositions prises isolément sont sans doute fort justes ; mais, alors que le conflit s'élève à raison de l'infraction commise de l'*assimilé* au *militaire combattant*, il pourrait y avoir danger dans une théorie qui, pour les assimilés, n'admettrait de subordination et de respect que de la part des individus placés sous leurs ordres ; car, *s'il fallait décider que pour les autres militaires les assimilés ne sont pas des supérieurs, il faudrait aussi admettre que ces assimilés ne sont pas les inférieurs des militaires d'un grade plus élevé que le rang que la loi ou les réglements donnent à ces assimilés*. Or je suppose le cas où un sous-intendant, passant une revue d'inspection avec les insignes de son grade, serait frappé par un soldat, ou celui où un agent des corps administratifs insulterait un général en uniforme, et je demande si de pareils faits pourraient être punis seulement des peines correctionnelles édictées par le Code pénal ordinaire pour les outrages et les voies de fait envers des fonctionnaires publics, etc. Ne serait-ce pas le renversement de tous les principes tutélaires de la discipline aux armées ? On ne saurait donc prendre dans son interprétation abstraite et absolue, l'opinion de M. Langlais ; et, tout en regrettant que le Conseil d'Etat, malgré la triple épreuve par laquelle la première rédaction avait passé, ait cru devoir la modifier sous ce rapport, il ne faut donner à la suppression des mots *grade, rang, commandement* que le sens et la portée qu'y a donnés le Conseil d'Etat, ce qui résulte de la suppression des *trois* expressions, et non celle du mot *rang* seulement. »

De ce qui précède, je suis donc amené à conclure que,

sauf le cas où l'accusé serait d'un grade supérieur à celui de l'officier d'administration greffier, les voies de fait ou les outrages commis à son égard doivent être réprimés par les articles 223 ou 224 du Code de Justice militaire (1). Au contraire, si l'officier d'administration greffier était inférieur en grade à l'accusé, la voie de fait dont il serait l'objet de la part de ce dernier, ne devrait plus être réprimée que par l'art. 229 du même Code, qui prévoit la voie de fait du supérieur envers l'inférieur.

Cette question est d'ailleurs implicitement résolue dans le sens que j'indique, par l'arrêt de la Cour de cassation du 28 avril 1864, rendu dans l'affaire de M. Bergeon, ex-vétérinaire au 8e de dragons. En effet, le principe qui ressort de cet arrêt, *c'est que les assimilés, aujourd'hui militaires*, bien qu'ils n'aient pas à intervenir dans le service intérieur des corps, ni à exercer le droit de commandement sur les troupes, *doivent, suivant leur rang, être considérés comme les supérieurs ou les inférieurs des autres militaires.*

Reste une troisième hypothèse, celle de l'outrage de la part de l'accusé supérieur en grade à l'officier d'administration greffier. Ici, comme le Code militaire n'a prévu que l'outrage de l'inférieur envers le supérieur, le Conseil de guerre devrait pour la répression du délit, recourir aux articles 224 et 227 du Code pénal ordinaire, conformément aux dispositions de l'article 267 du Code de Justice militaire.

IV. — Lecture des pièces. — Appel des témoins. — Avertissements à l'accusé et au défenseur. — Interrogatoire.

39. Après la constatation de l'identité de l'accusé, le

(1) Si l'accusé était d'un grade correspondant au rang de l'officier d'administration greffier, les voies de fait ou les outrages dont il serait l'auteur devraient être également réprimés par les articles 223 ou 224, par analogie avec ce qui aurait lieu s'il s'était rendu coupabe des mêmes faits envers l'un des officiers siégeant à grade égal, dont la position, en raison de ses fonctions, le fait considérer comme d'un grade supérieur.

président fait introduire les témoins qui doivent être entendus dans l'affaire, puis il prescrit au greffier de lire les pièces de la procédure, c'est-à-dire l'ordre de convocation, le rapport du juge instructeur et les pièces dont il lui a paru nécessaire de donner connaissance au Conseil (1).

40. Lorsque l'accusé a déjà été jugé par contumace, il doit être donné lecture, à peine de nullité des déclarations écrites des témoins cités et qui ne comparaissent pas aux débats. (Arrêts des 6 janvier 1853, 19 mars 1853, 7 février 1855, 3 avril 1856.) Il y a nullité si l'interrogatoire d'un co-accusé, jugé contradictoirement, n'a pas été lu à l'audience. (Arr. des 24 juin 1843 et 7 juillet 1849.)

41. La lecture des pièces terminée, le greffier procède à l'appel des témoins, que l'huissier appariteur ou le sergent de service, sur l'avis du président, conduit dans la chambre qui leur est destinée.

42. Ensuite, le président fait connaître à l'inculpé l'accusation ou la prévention qui pèse sur lui, en spécifiant le crime ou le délit qui est indiqué dans les questions préparées à l'avance ; il le prévient que la loi lui donne le droit de dire tout ce qui est utile à sa défense.

43. Il avertit aussi le défenseur qu'il ne peut rien dire contre sa conscience ou contre le respect dû aux lois, et qu'il doit s'exprimer avec décence et modération. (Art. 121 du C. de J. M.)

44. Aussitôt après, il dit à l'accusé de se lever et l'interroge sur les faits qui lui sont reprochés.

45. S'il y a plusieurs accusés, le président détermine celui qui doit être soumis le premier aux débats.

46. Le président peut faire retirer un ou plusieurs accusés et les interroger séparément avant, pendant ou après

(1) Voy. au *Tableau synoptique d'une séance*, n° 553, la note concernant le moment où les témoins doivent être introduits dans la salle d'audience et celui où ils doivent être reconduits dans la chambre qui leur est affectée.

l'audition d'un témoin ; mais, dans ce cas, il doit leur faire connaître tout ce qui s'est passé pendant leur absence. Toutefois, le président est libre de choisir le moment de cette communication, pourvu que ce soit avant les plaidoiries. (Art. 327 du C. d'Instruction criminelle.)

47. Les juges et le commissaire impérial peuvent questionner directement l'accusé en demandant la parole au président. Quant au défenseur, il communique librement avec l'accusé. (Art. 319 du C. d'instruction C^{lle}).

48. L'accusé peut répondre aux questions par l'organe de son défenseur ; mais il doit répondre lui-même, lorsqu'il est interpellé de le faire personnellement.

49. S'il y a des pièces de conviction, le président les fera représenter à l'accusé. (Art. 329 du C. d'instruction C^{lle}.)

V. — Exceptions. — Moyens d'incompétence.

50. C'est après son interrogatoire, et à ce moment là seulement de la séance, que l'accusé est admis à présenter ses moyens d'incompétence devant le Conseil. Cette exception doit être jugée sur le champ. Si l'exception est rejetée, le Conseil passe au jugement de l'affaire, sauf à l'accusé à se pourvoir contre le jugement sur la compétence, en même temps que contre la décision rendue sur le fond.

51. Il en est de même pour le jugement de toute autre exception ou de tout autre incident soulevé dans le cours des débats. (Art. 123 du C. de J. M. — Voir les n°s 389 et suivants (chapitre VI) concernant les exceptions et les incidents d'audience. — Voir aussi les formules sous les n°s 421, 422, 424, 425, 426, 430.)

52. Les arrêts-incidents, lorsqu'ils ont été rendus publiquement, sont suffisamment constatés par leur insertion au procès-verbal de la séance, lequel procès-verbal est signé par le président et par le greffier. Aucune disposition de la loi n'oblige, sous peine de nullité, d'en dresser un acte séparé. (Arrêts des 29 décembre 1854, 11 avril et 13 novembre 1856.)

VI. — Accusé poursuivi pour d'autres crimes résultant des débats. — Réserves par le Ministère public s'il s'agit d'autres personnes.

53. Aux termes de l'article 142 du Code militaire, lorsqu'il résulte soit des pièces produites, soit des dépositions des témoins entendus dans les débats, que l'accusé peut être poursuivi pour d'autres crimes ou délits que ceux qui ont fait l'objet de l'accusation, le Conseil de guerre, après le prononcé du jugement, renvoie, sur les conclusions du commissaire impérial, ou même d'office, le condamné au général qui a donné l'ordre de mise en jugement pour être procédé, s'il y a lieu, à l'instruction. S'il y a eu condamnation, il est sursis à l'exécution du jugement. S'il y a eu absolution ou acquittement, le Conseil de guerre ordonne que l'accusé demeure en état d'arrestation jusqu'à ce qu'il ait été statué sur les faits nouvellement découverts.

54. L'article 142 en question ne s'applique qu'aux accusés mis en cause et ne peut s'étendre à d'autres personnes actuellement non inculpées.

55. Dans ces circonstances, il est nécessaire de dresser un procès-verbal exposant les faits nouvellement découverts, les noms des témoins qui les ont révélés ou les pièces d'où ils résultent, et, s'il y a lieu, les explications qu'a pu produire l'accusé. Ce procès-verbal est signé par le président et par le greffier, et transmis par le commissaire impérial au général commandant la division qui, seul, peut ordonner des poursuites.

56. Le renvoi du condamné au général de division peut être ordonné *d'office* par le Conseil de guerre. D'après l'article 361 du Code d'Inst^{on} criminelle, dont le principe est adopté par l'article 142 du Code de Justice militaire, le commissaire impérial devrait, dans tous les cas, être préalablement entendu dans ses conclusions comme étant spécialement chargé de la poursuite des crimes et délits. L'article 361, dans son deuxième paragraphe, dit en effet, que « cette disposition ne sera toutefois exécutée que dans le cas où, avant la clôture des débats, le ministère public a fait des réserves à fin de poursuites. » Mais le texte de l'article 142 est formel, et il n'y aurait point nullité si le Conseil de guerre, en l'absence de réquisitions de la part de l'organe du ministère public, prononçait *d'office* le renvoi du condamné ou de l'accusé au général de division.

57. D'après la jurisprudence en vigueur, il n'y a lieu à une nouvelle instruction sur un fait dont un accusé est inculpé dans les débats, qu'autant que ce fait est autre que celui porté en l'acte d'accusation (arr. du 22 novembre 1816), ou qu'il ne se lie à celui de l'accusation ni par le temps, ni par le lieu, ni par la personne qui a été victime du délit.

58. S'il ressort des débats quelques indices de culpabilité contre une personne qui n'a été mise en accusation ni comme auteur, ni comme complice, il n'y a lieu qu'à de simples réserves de la part du ministère public. (Arr. du 11 janvier 1834. — Voy. n°s 153 et suivants.)

SECTION 5. — Des témoins.

I. — Serment. — Identité. — Audition.

59. L'interrogatoire terminé, il sera procédé à l'audition des témoins, lesquels seront entendus séparément dans l'ordre indiqué par le commissaire impérial, ordre que le président a cependant le pouvoir d'intervertir.

60. Le président leur dira : — « Témoin (levez la main droite)...

— Vous jurez de parler sans haine et sans crainte, de dire toute la vérité, rien que la vérité ?.... dites : « Je le jure.... » (baissez la main)...

— Quels sont vos nom et prénoms ?.... Votre âge ?.... Votre profession ?.... Votre domicile ?....

(Aux militaires) : Votre grade ?... A quel corps appartenez-vous ?...

— Connaissiez-vous l'accusé avant les faits qui lui sont reprochés ?...

— Vous n'êtes ni parent ni allié de l'accusé ?...

— Vous n'étiez pas attachés au service l'un de l'autre ?...

— Faites votre déposition..... (Art. 317 du C. d'Inst[on] C[elle].)

61. Le témoin ne pourra être interrompu dans le cours de sa déposition (1), mais celle-ci une fois terminée, le président, les juges et le commissaire impérial pourront demander au témoin des éclaircissements. (Art. 319, C. d'Inst[on] C[elle].)

62. L'accusé et son défenseur pourront également le questionner par l'organe du président et dire, tant contre lui que contre son témoignage, tout ce qui pourra être utile à la défense de l'accusé. (Art. 319, C. d'Inst[on] C[elle].)

63. La promesse de secret garantie sous serment, hors le cas de l'article 378 du Code pénal, n'est jamais un motif de refuser à la justice les révélations qu'elle demande dans l'intérêt de la société. (Arrêt du 8 mai 1828. — Voir les n°s 117 et suivants.)

64. Après chaque déposition, le président demandera au témoin si c'est de l'accusé présent qu'il a entendu parler. Il demandera également à l'accusé s'il veut répondre à ce qui vient d'être dit contre lui. (Art. 519 du C. d'Inst[on] C[lle].)

(1) Aux termes de l'article 317 du C. d'Instr. C[lle], le témoin doit déposer oralement.

65. Enfin, les pièces de conviction seront représentées aux témoins.

II. — Enfants au-dessous de 15 ans. — Sourds-muets. — Sourds. — Remarques sur d'autres témoins.

66. Les enfants au-dessous de l'âge de 15 ans ne prêtent pas serment ; mais ils peuvent être entendus par forme de déclaration. (Art. 79 du C. d'Inst^{on} C^{lle}. — Voir le n° 68.)

67. Si le témoin est sourd-muet et ne sait pas écrire, le président lui nommera d'office un interprète. (Voir le n° 90). — Si le sourd-muet sait écrire, il peut se passer d'interprète. Le greffier écrira les questions et observations qui lui seront faites ; elles seront remises au témoin, qui donnera par écrit ses réponses ou déclarations. Il sera fait lecture du tout par le greffier. Le procès-verbal de cette déposition, signé par le greffier et par le sourd-muet, sera annexé à la minute du jugement, laquelle fera mention de l'incident. (Art. 333 du C. d'Instr. C^{elle}.) Enfin, si le témoin (ou l'accusé) est complétement sourd et s'il sait lire, toutes les communications qui doivent avoir lieu de vive voix lui sont faites à l'aide de l'écriture. (Arr. du 29 décembre 1854.) Il n'est pas nécessaire d'ajouter que l'un ou l'autre de ces témoins doit prêter serment.

68. La loi laisse aux présidents la faculté d'entendre avec ou sans serment les enfants de moins de 15 ans, suivant que ces enfants leur paraissent plus ou moins en état d'apprécier toute l'importance du serment. (Jugé *in terminis* que les enfants de cet âge peuvent indifféremment, et selon les circonstances, être entendus avec ou sans prestation de serment. — Arrêts des 8 mars 1838, 3 avril 1847 et 7 novembre 1850.)

69. L'audition, sans prestation de serment, d'un témoin ayant plus de quinze ans, n'entraîne pas nullité, lorsque la déclaration du témoin, qu'il avait quatorze ans et demi, n'a été contredite par personne, et que l'accusé ne s'est pas opposé à ce que l'audition eût lieu sans serment. (Arr. du 19 février 1857.)

70. Le président peut déclarer non avenu le serment prêté par un témoin de moins de 15 ans, et recevoir ensuite la déclaration à titre de simples renseignements. Le Conseil n'a point à intervenir lorsqu'aucun débat ne s'est élevé devant lui sur ce point. (Arr. du 6 septembre 1851.)

71. La loi n'exige pas qu'en prêtant serment, le témoin lève la main droite. (Arr. du 8 octobre 1840.)

72. Un témoin peut déposer armé. (Arr. du 16 juin 1836.)

73. Le témoin qui a assisté à la déposition d'un témoin précédent n'en doit pas moins être entendu avec prestation de serment (Arr. du 19 août 1819), nonobstant l'opposition de l'accusé. (Arr. du 23 avril 1835). — Il ne peut résulter de cette circonstance qu'un moyen de discussion contre la déclaration des témoins, discussion dont le Conseil apprécie la gravité. (Arrêt du 2 avril 1840).

74. Le témoin qui s'est pourvu contre l'arrêt qui le prive du droit de témoignage est *integri status* et doit prêter serment. (Arr. du 13 janvier 1838.)

75. Il appartient au président d'annihiler l'effet du serment indûment prêté par un témoin condamné, dont le défenseur signale l'incapacité. (Arr. du 9 juillet 1852.)

76. Le témoin repris de justice qui refuse de déposer sous la forme de simples renseignements, doit être condamné à l'amende de l'article 80 du C. d'Instr. crim. (Arr. 13 janvier 1838. — Voir la formule sous le n° 434.)

77. Le président peut se refuser à questionner un témoin sur la moralité d'un autre témoin, et, sur les conclusions de l'accusé, le Conseil use de son droit en décidant que la question ne sera pas adressée au témoin, attendu qu'elle n'est pas de nature à faciliter la manifestation de la vérité.

(Arr. du 14 avril 1837.) Ce débat entre des témoins pourrait dégénérer en récriminations réciproques et distraire de l'objet de l'accusation. (Arr. du 5 octobre 1832).

78. Le ministère public peut, au cours des débats, faire assigner de nouveaux témoins ; et, si ces témoins ont été régulièrement assignés, l'accusé ne peut s'opposer à leur audition. (Arr. du 24 janvier 1850.)

79. L'article 315 du C. d'Instruc. crim. ne défend pas, sous peine de nullité, l'audition des témoins qui ne seraient pas portés sur les listes notifiées, ou qui n'y seraient pas clairement désignés ; seulement, il donne à la partie contre laquelle ces témoins sont produits le droit de s'opposer à leur audition. (Arr. des 22 juin 1820, 22 janvier 1846, 22 juillet et 24 septembre 1852.)

80. Lorsque les parties déclarent renoncer à l'audition de témoins absents et consentir à ce qu'il soit passé outre, le Conseil de guerre peut se borner à donner acte de ces déclarations, et ordonner la continuation des débats. (Arr. du 19 septembre 1856.)

81. Le Conseil n'est pas tenu, à peine de nullité, d'entendre tous les témoins, surtout lorsque l'accusé ne réclame pas leur audition. (Arr. du 23 février 1843.)

III. — Serment par des témoins d'une religion différente.

82. Conformément à ce qui se pratique chez plusieurs autres peuples, chaque témoin peut, pour la prestation du serment, suivre la formule établie par la religion qu'il professe. (Arr. du 1er avril 1813.)

83. On a jugé qu'il y a modification à la nécessité du serment, quand la religion du témoin lui défend de le prêter. (Arr. des 4 et 9 avril 1812.)

84. L'affirmation en âme et conscience, faite par un quaker, remplit le vœu de la loi. (Arr. du 28 mars 1810.)

85. Le juif doit prêter serment *more judaïco* sur la Bible, en présence du rabbin. (Arr. du 12 juillet 1810.) Quand le serment est déféré à un juif, il le prête en mettant la main sur une Bible hébraïque, la tête couverte, avec la permission du juge; en cette posture, il promet à Dieu de dire la vérité.

Ce mode de procéder à l'égard des témoins juifs a soulevé de nombreuses objections. S'il est nécessaire pour que le serment soit prêté dans toute sa rigueur *more judaïco*, que le juif jure sur la Bible par devant son rabbin, il faudrait donc aller dans la synagogue ou forcer le rabbin à venir devant le tribunal, et l'on sent que ces moyens, dit Le Graverend, dans son *traité de la Législation criminelle* (1 vol., pag. 286), sont également inadmissibles; qu'ils ne sauraient se concilier avec les dispositions du Code d'Instruction criminelle et avec la dignité de la magistrature; et cette considération suffit, sans doute, pour que l'on soit en droit de conclure que l'obligation de les suivre n'existe pas.

Plus loin, le même auteur estime « que le serment existe, quel que soit le culte que professe le témoin, lorsqu'interpellé par le juge, *sous la religion du serment*, de déposer toute la vérité, rien que la vérité, il a répondu d'une manière affirmative à cette interpellation.

86. Du reste, si les témoins qui professent une religion prescrivant une forme particulière de prestation de serment, consentent à prêter serment en la forme ordinaire, le serment ainsi fait ne donnerait pas lieu à nullité. (Arr. du 19 mai 1826.)

IV. — Interprète.

87. Dans le cas où l'accusé, les témoins ou l'un d'eux, ne parleraient pas la même langue, c'est-à-dire la langue usuelle du tribunal, le président nommerait d'office un interprète de l'un ou l'autre sexe, âgé de 21 ans au moins, et, après l'avoir questionné sur ses nom, prénoms, âge, profession et domicile, il lui fera prêter *le serment de traduire fidèlement les discours à transmettre entre ceux qui parlent des langues différentes.* (Art. 332 du Code d'Instr. crim.)

88. Cet interprète ne peut être pris parmi les témoins, ni parmi les juges, même du consentement de l'accusé. (Art. 332.)

89. La loi n'ordonne pas de traduire à l'accusé le réquisitoire du ministère public. (Arr. 29 février 1844.)

90. Si le témoin est sourd-muet, le président nommera d'office pour son interprète la personne qui aura le plus d'habitude de converser avec lui. (Art. 333, C. d'instr. crim.) — Il n'y a pas nullité, si le président a nommé un témoin pour interprète à un sourd-muet, lorsqu'il a été constaté au procès-verbal que ce témoin est la seule personne qui puisse converser avec ce sourd-muet. (Arr. 3 juillet 1846.)

91. L'âge de 21 ans n'est pas exigé pour l'interprète des sourds-muets accusés ou témoins. (Arr. 24 décembre 1844.)

92. L'interprète ne peut, à peine de nullité, être entendu comme témoin dans les autres cas que celui indiqué au n° 90, en vertu du pouvoir discrétionnaire, même du consentement de l'accusé et du ministère public. (Arr. 16 janvier 1851.)

V. — Expert. — Expertise.

93. Si un expert, nommé dans l'instruction, était appelé aux débats, le président, après la constatation de son identité, lui ferait prêter le serment dont voici la formule. (Art. 44 du C. d'Instr. crim.)

« M... (levez la main droite)... Vous jurez de faire votre » rapport et de donner votre avis en honneur et cons» cience....., dites : je le jure.... (baissez la main). —

» Faites connaître au Conseil le résultat des opérations
» dont vous avez été chargé au sujet du nommé.... »

Mais si l'expert était appelé, en outre, comme témoin dans la même affaire, il ne prêterait pas d'autre serment que celui prescrit par l'article 317 du Code d'Instr. crim. (Voir n° 60. — Arrêt du 11 juillet 1846.) D'un autre côté, si l'expert qui a déjà prêté dans l'instruction le serment prescrit par l'art. 44, était appelé aux débats pour expliquer son expertise, il suffirait de lui faire prêter le serment des témoins. (Arr. 10 oct. 1839.)

94. Le pouvoir discrétionnaire du président lui attribue le droit de faire faire une expertise. (Dans l'espèce, une vérification d'écritures. — Arr. du 4 février 1819.) Mais les experts *appelés en vertu du pouvoir discrétionnaire* ne doivent prêter aucun serment. (Arr. 16 janvier 1836.) — Il en est de même du témoin appelé, sur la demande de l'accusé ou de son défenseur, pour assister à l'expertise ordonnée par le président : il n'est pas tenu à serment. (Arr. 4 janv. 1840.)

95. Lorsqu'il y a des conclusions prises, le Conseil, après avoir entendu l'accusé et le ministère public, peut ordonner une expertise et par suite l'audition d'experts aux débats. C'est un incident sur lequel il lui appartient de statuer. (Arr. des 12 janvier 1833, 17 janvier 1839 et 12 mars 1857.)

96. Lorsque, pour procéder à une expertise, le défenseur et le ministère public ont proposé chacun une personne différente, c'est au Conseil de prononcer sur l'incident. (Arr. du 27 avril 1832.)

97. L'officier de santé ou expert appelé aux débats par suite d'une *décision du Conseil* qui a ordonné une vérification, doit, à peine de nullité, prêter le serment prescrit par l'art. 44. (Voir le n° 93. — Arr. des 27 décembre 1834, 13 août 1835, 17 février 1848.)

98. Les nouveaux experts peuvent être autorisés à conférer avec les anciens. (Arr. 21 juillet 1843.)

99. La communication des experts avec quelques témoins n'est pas interdite à peine de nullité. (Arr. 3 février 1843.)

VI. — Variations dans les dépositions.

100. S'il existait des variations entre la déposition d'un témoin et ses précédentes déclarations, le président ferait tenir note par le greffier des additions, changements ou variations. Le commissaire impérial et l'accusé pourraient requérir le président de faire tenir note de ces changements. (Art. 318 du C. d'Instr. crim. et 128 du C. de J. M.)

101. La faculté accordée au président par ces deux articles (318 et 128) combinés, est limitée par l'article 372 du Code d'Instr. crim. qui interdit la mention au procès-verbal des débats, soit des réponses des accusés, soit des dépositions des témoins.

102. Par suite, pour qu'il puisse être tenu note au procès-verbal des débats des dépositions d'un témoin, il faut que ce procès-verbal constate qu'il y a eu contradiction entre les dépositions faites à l'audience, ou bien que le ministère public requière, dans l'intérêt de l'action publique et d'une poursuite ultérieure, l'insertion au procès-verbal de la déposition qui doit servir de base à cette action. Le silence du procès-verbal à cet égard implique que ni l'une ni l'autre de ces contradictions n'a existé, et, par suite, il y a nullité. (Arr. 23 juillet 1857.)

VII. — Trouble, tumulte. — Outrages et voies de fait envers le Conseil.

103. Tout ce qui a été dit concernant les assistants dans l'auditoire (nos 26, 27, 28 et 29) est applicable aux témoins.

VIII. — Témoins de justification.

104. Les témoins de justification sont entendus de la même manière que les témoins à charge. (Art. 321 du C. d'Instr. crim.)

105. La liste des témoins à décharge remise par le défenseur au ministère public ne constitue pas la notification exigée par l'article 315 du Code d'Instr. crim. (Arr. 18 septembre 1830.) Dans ce cas, le ministère public peut s'opposer à l'audition des témoins indiqués.

106. Il n'est pas nécessaire, à peine de nullité, que les témoins à décharge soient entendus les derniers. (Arr. 6 mai 1824.)

107. Pour qu'un témoin soit reçu à déposer, il suffit que son nom ait été notifié vingt-quatre heures avant l'audition. (Arr. du 16 novembre 1844.)

108. Lorsque la liste des témoins a été notifiée la veille de l'ouverture des débats, la présomption légale est que cette notification a été faite au moins vingt-quatre heures auparavant. (Arr. 27 septembre 1832.)

109. Les témoins à décharge dont les noms n'ont pas été notifiés, doivent être entendus avec prestation de serment, si le ministère public ne s'oppose pas à leur audition. (Arr. du 7 juin 1839.)

110. La notification des noms des témoins, prescrite par l'article 315, n'est pas nécessaire lorsqu'il s'agit de témoins cités par un accusé contre son co-accusé. (Arr. du 22 avril 1841.)

111. Les témoins tant à décharge qu'à charge, ne peuvent s'interpeller entre eux (Art. 325 du C. d'Instr. crim.) ; mais le président a évidemment le droit de mettre deux témoins en présence pour chercher à découvrir la vérité ; il doit seulement veiller à ce que leurs dires respectifs ne dégénèrent pas en récriminations et en injures.

IX. — Personnes dont la déposition ne peut être reçue.

112. Ne peuvent être reçues les dépositions : 1° du père, de la mère, de l'aïeul, de l'aïeule, ou de tout autre ascendant de l'accusé, ou de l'un des accusés présents et soumis aux débats ;

2° Du fils, de la fille, du petit-fils, de la petite-fille, ou de tout autre descendant ;

3° Des frères et sœurs ;

4° Des alliés aux mêmes degrés ;

5° Du mari et de la femme.

113. Lorsque plusieurs individus sont accusés pour raison d'un même fait, les parents ou alliés d'un des accusés ne peuvent être entendus comme témoins, même contre les accusés non parents. (Arr. 24 frim. an XIII.) Toutefois, l'audition des personnes désignées sous le numéro précédent n'entraîne point une nullité lorsque, soit le commissaire impérial, soit les accusés, ne se sont pas opposés à ce qu'elles soient entendues. (Art. 322 du C. d'Instr. crim.) (1).

114. Ainsi, lorsque ces personnes ont été entendues sans opposition, leur témoignage est valable ; d'ailleurs, la jurisprudence admet qu'alors qu'elles ne peuvent être entendues comme témoins, le président peut les entendre, en vertu de son pouvoir discrétionnaire, sans prestation de serment et à titre de renseignement. (Art. 125 du C. de Justice Mre et 269 du C. d'Instr. crim.)

115. Lorsqu'un témoin déclare qu'il est parent des accusés sans pouvoir dire à quel degré, il y a présomption

(1) La prohibition de l'art. 322, en ce qui touche l'audition des parents, ne peut être étendue au-delà des degrés de parenté ou d'alliance qui y sont déterminés. — Ainsi, l'oncle de l'accusé peut être entendu comme témoin. (Arr. 21 juin 1850.) — *Id.* de ses neveux et nièces. (Arr. 23 janv. 1835.) — *Id.* de la femme du beau-frère de l'accusé. (5 prair. an XIII.)

qu'il n'est pas parent au degré prohibé, et il doit prêter serment. (Arr. du 17 octobre 1836.)

116. L'opposition formée par l'accusé à l'audition d'un témoin, en vertu de l'article 322 du Code d'Instruct. crim., constitue un incident contentieux sur lequel le Conseil peut seul statuer. (Arr. du 5 décembre 1850.) — Jugé depuis que le président a pu, sur l'opposition des accusés, et en l'absence d'incident, ordonner que les enfants de l'un d'eux ne seraient pas entendus sous la foi du serment. (Arr. du 8 avril 1858.) — Lors même que personne ne s'est opposé à l'audition d'un témoin repoussé par l'art. 322, le président a pu n'entendre ce témoin que par forme de simples renseignements. (Arr. du 20 mars 1856.)

X. — Secret professionnel. — Personnes dispensées de rendre témoignage dans des circonstances données.

117. Les ministres du culte ne sont pas tenus de révéler à la justice ce qu'ils n'ont appris que par le secret de la confession sacramentelle, d'après les lois canoniques et civiles, qui leur font un devoir impérieux de garder le secret de la confession et qui les dispensent en conséquence de le révéler en justice. (Arr. du 30 novembre 1810.) Cet arrêt déclare que les magistrats doivent respecter et faire respecter le secret de la confession, et qu'un prêtre ne peut être tenu de déposer, ni même être interrogé, hors les cas qui tiennent immédiatement à la sûreté de l'Etat, sur les révélations qu'il a reçues dans cet acte de la religion. La dispense de déposer s'étend aux évêques pour les faits qui leur ont été révélés dans l'exercice de leur juridiction épiscopale. Mais il est bien entendu que les ministres du culte doivent déposer de ce qu'ils ont appris par une autre voie que la confession.

118. Les avocats et les avoués sont également dispensés

de déposer contre leurs clients de ce qu'ils ont appris d'eux confidentiellement dans leur cabinet. (Arr. du 18 juin 1835).

119. Les notaires sont dispensés aussi de déposer sur les faits qui leur ont été confiés *sous le sceau du secret;* mais il ne leur suffirait pas d'alléguer que le fait leur a été confié à l'occasion de leur profession. (Arr. du 10 juin 1853.)

120. Les avocats et les avoués peuvent être obligés à prêter serment, si le Conseil restreint leur déposition aux faits qu'ils ont appris autrement que dans l'exercice de leurs fonctions. (Arr. des 14 septembre 1827, 18 juin 1835 et 6 juin 1855.)

121. Les médecins, chirurgiens, officiers de santé, pharmaciens et sages-femmes, ne peuvent non plus être forcés à déposer des faits relatifs aux maladies qu'ils ont traitées, et pour lesquelles on leur a recommandé le secret.

Les ministres du culte, les avocats et les avoués, les notaires, les médecins, chirurgiens, officiers de santé, pharmaciens et sages-femmes sont passibles d'une peine correctionnelle, en cas de révélation indiscrète, conformément à l'article 378 du Code pénal.

XI. — Témoin défaillant. — Refus de serment.

122. Si un témoin ne comparaît pas, le Conseil peut passer outre aux débats, et lecture est donnée de la déposition du témoin absent. (Art. 126 du C. de J. M.) L'accusé est interpellé s'il a des observations à faire sur son contenu.

123. Il résulte de cet article qu'en l'absence d'un témoin, le Conseil peut se contenter de la lecture de sa déposition écrite.

124. Quant au témoin défaillant, si son excuse n'est pas reconnue légitime, le Conseil peut le condamner à une amende dont le minimum sera de un franc et dont le maximum n'excédera pas cent francs. (Voir la formule sous le n° 434.) A cet égard, il faut combiner l'article 126 du Code de Justice militaire avec l'art. 355 du C. d'Instr. crim. déclaré applicable au Conseil de guerre, par l'article 128 du Code de Justice militaire.

125. Un témoin qui refuserait de prêter serment ou de faire sa déposition serait également condamné à la même amende, en vertu des articles 355 et 80 du Code d'Instr. crim. (Arr. 23 juillet 1830.)

126. Aux termes de l'art. 195 du Code de Justice militaire, le Conseil de guerre peut remplacer la peine de l'amende par un emprisonnement de six jours à six mois. (Voir les formules sous les nos 417 et 434.)

XII. — Suspension de l'audience. — Renvoi de l'affaire.

127. La jurisprudence a admis que l'absence d'un témoin ne pouvait avoir pour conséquence forcée de faire renvoyer l'affaire, que lorsque l'audition du défaillant était indispensable à la manifestation de la vérité. Alors, et aux termes de l'art. 129 du Code Militaire, le président est investi du droit d'ordonner la suspension de l'audience, si cette suspension doit durer moins de quarante-huit heures.

128. La suspension sera motivée par l'absence d'un témoin *dont la déposition est essentielle*, et le président devra rendre une ordonnance motivée qui fixera le jour et l'heure de la reprise de l'audience.

129. L'ordonnance devra en outre déclarer que le commissaire impérial, l'accusé et les témoins seront tenus de se trouver à cette audience sans autre avertissement ; enfin elle ordonnera que le témoin défaillant sera contraint de comparaître. Un mandat d'amener sera décerné contre lui par le président. (Voir la formule de ce mandat sous le n° 414.)

Aucune formule spéciale ne peut être donnée sur les

termes dans lesquels le président prononce la suspension de la séance. Si la suspension ne devait durer que quelques instants, il pourrait dire : « La séance est suspendue pen- » dant cinq ou dix minutes ; » ou bien, si elle était motivée par l'absence d'un témoin : « Attendu que la présence de » tel témoin est nécessaire, renvoyons la séance à demain, » à telle heure ; ou : suspendons la séance pendant une » heure, etc. » Ou bien encore, si l'heure était trop avancée pour la continuation des débats : « Vu l'heure avancée, » renvoyons à demain à.... heure, la suite des débats. »

130. Le Conseil peut ordonner d'office le renvoi de l'affaire, en cas d'absence d'un témoin, malgré l'opposition du ministère public: (Arr. 12 janvier 1832.)

131. Si la suspension devait se prolonger au-delà de quarante-huit heures, le Conseil prononcerait à la majorité des voix, et, dans ce cas, les débats seraient recommencés en entier.

Trois cas généraux ont été prévus, en effet, comme étant de nature à suspendre les débats :

1° Lorsqu'un témoin dont la déposition paraît essentielle ne s'est pas présenté ;

2° Lorsque la déposition d'un témoin ayant paru fausse, son arrestation a été ordonnée ;

3° Lorsqu'un fait important reste à éclaircir.

132. S'il s'agit de la première de ces prévisions, et que le Conseil ait la certitude que le témoin pourra comparaître avant l'expiration des quarante-huit heures, le président déclarera que les débats sont suspendus et remis à tel jour et à telle heure. Le procès-verbal fera mention de de cette circonstance.

133. Mais dans les deux autres cas, comme il ne serait pas possible de poser des limites au rapporteur pour compléter l'instruction, et qu'il ne serait pas dans les attributions du Conseil de s'ajourner à une époque déterminée, puisque au général commandant la division, seul, appartient le droit de convoquer le Conseil de guerre, il y aurait lieu de rendre un jugement *avant faire droit,* en spécifiant les circonstances qui l'auraient motivé. (Voir la formule sous le nº 421.)

134. Ainsi, au président seul appartient le droit de suspendre les débats, tant que la suspension n'excède pas quarante-huit heures, et ce n'est que lorsqu'elle dépasse cette durée que le Conseil est appelé à se prononcer.

135. Il est inutile de dire qu'après un jugement *avant faire droit,* le rapporteur fait un supplément d'instruction et de rapport, qu'ensuite le commissaire impérial transmet les pièces avec ses conclusions au général de division qui ordonne de nouveau la convocation du Conseil de guerre.

XIII. — Faux témoin.

136. Si la déposition d'un témoin paraît fausse, le président peut, sur les réquisitions du commissaire impérial, de l'accusé, ou même d'office, faire sur le champ mettre le témoin en état d'arrestation. Si le témoin est militaire, le président, ou l'un des juges nommés par lui, procède à l'instruction. Quand elle est terminée, elle est envoyée au général commandant la division. Si le témoin n'est pas justiciable du Conseil de guerre, le président, après avoir dressé procès-verbal et avoir fait arrêter l'inculpé, le renvoie devant le procureur impérial du lieu où siège le Conseil de guerre. (Art. 127 du Code de J. M.)

137. Le président peut ordonner qu'un témoin suspect de faux témoignage sera gardé à vue par la gendarmerie jusqu'à la fin des débats. (Arr. 23 avril 1840.)

138. Le président qui fait mettre un témoin en état de surveillance, n'est pas tenu d'énoncer ses motifs. (Arr. du 24 janvier 1851.)

139. Le président, après avoir ordonné à l'audience la mise en surveillance d'un témoin dans l'enceinte, peut, dans l'intervalle de deux audiences, et pour assurer la surveillance, ordonner le dépôt de ce témoin à la prison militaire. (Arr. du 23 avril 1840.)

140. Le président, après avoir ordonné l'audition d'un témoin, peut ensuite décider que l'audition n'aura pas lieu. (Arr. 17 août 1821.)

141. L'ordonnance prise par le président pour ordonner l'arrestation d'un faux témoin pourrait être l'objet d'une opposition de la part de l'accusé ou du ministère public. Dans ce cas, il en résulterait un incident qui devrait être jugé par le Conseil qui prononcerait à la majorité des voix. Dans cette hypothèse, on procéderait ainsi qu'il suit :

142. Le président qui suspecte la véracité de la déposition d'un témoin, doit d'abord lire à ce dernier le texte de la loi contre les faux témoins. (Art. 361, 362, 364 et 365 du Code pénal.)

143. Il doit ensuite lui demander s'il persiste dans sa déposition, et, si le témoin déclare y persister, faire consigner par le greffier sa déposition et les additions ou changements que le témoin peut avoir faits, soit à sa déposition écrite, soit à sa déposition orale antérieure, dans un procès-verbal séparé, après y avoir préalablement constaté l'accomplissement des diverses formalités qui viennent d'être indiquées. Il fait donner lecture de cette déposition au témoin et la lui fait signer ; si le témoin ne le peut ou s'y refuse, le procès-verbal doit en faire mention. (Voy. la formule de ce procès-verbal, sous le n° 441.)

144. Le président dresse procès-verbal d'arrestation, délivre un mandat de dépôt contre l'accusé de faux témoignage, et désigne, s'il y a lieu, un des juges du Conseil pour continuer l'instruction. Le procès-verbal d'arrestation fait mention de ces formalités. (Voy. les formules sous les nos 415, 441 et 441 *bis*.)

145. Le président ne doit faire cette désignation qu'autant qu'il y aurait lieu de constater, en dehors de l'audience, des circonstances matérielles ou de fait, dont la preuve pourrait disparaître par le renvoi de l'affaire au général commandant la division; car, si la vérification peut se faire immédiatement à l'audience, comme s'il y avait à recevoir la déposition d'un témoin qui serait en contradiction avec celle du témoin soupçonné de fausse déclaration, il vaudrait mieux que cette formalité fût de suite accomplie par le président et consignée sur le procès-verbal; de même que si les autres actes peuvent être utilement faits postérieurement par le rapporteur, il est préférable de le laisser y procéder après que le général commandant la division aurait statué sur l'ordre d'informer.

146. Si l'instruction a été complétée à l'audience, le général commandant la division peut, sur le vu de cette instruction, ordonner immédiatement la mise en jugement du faux témoin, en vertu de l'article 108, puisqu'alors les fonctions du rapporteur ont été remplies par le président ou le juge délégué.

147. C'est le commissaire impérial qui doit transmettre les pièces de la procédure au général, en y joignant ses conclusions, si l'instruction peut être considérée comme terminée.

148. Si le prévenu de faux témoignage n'est pas justiciable du Conseil de guerre, le procès-verbal constatant les faits doit être envoyé directement au procureur impérial du lieu où siége le Conseil de guerre, par les soins du commissaire impérial près le Conseil.

149. Quant à la personne du faux témoin, elle est conduite, en vertu du mandat de dépôt, soit à la prison militaire, soit à la prison civile, pour être mise à la disposition de l'autorité compétente, selon qu'elle est justiciable des tribunaux militaires ou ordinaires.

150. Il est encore essentiel de rappeler ici un principe du droit commun, qui doit recevoir son application devant les juridictions militaires ; c'est que si le témoin rétractait sa fausse déclaration avant la clôture des débats, alors même que ce serait après sa mise en arrestation, le faux témoignage ne serait pas consommé, et il n'y aurait pas lieu à poursuivre pour ce crime ; mais il en serait autrement si la rétractation n'avait lieu qu'après la clôture des débats, alors que la poursuite est commencée.

151. De même, il n'y a de faux témoignage qu'autant que la fausse déclaration est faite dans le débat à la suite duquel il doit être prononcé sur le fond ; mais il n'en serait pas ainsi de la déposition écrite, faite devant le juge d'instruction. C'est là une règle qui doit recevoir son application devant les tribunaux militaires, bien que la déposition écrite puisse au besoin tenir lieu d'audition orale du témoin, sauf au tribunal, s'il suspecte la sincérité du témoignage écrit, à ordonner la comparution du témoin en personne.

152. Le président ne peut, même en vertu de son pouvoir discrétionnaire, faire entendre dans la même affaire, à titre de simple renseignement, les témoins condamnés pour faux témoignage. (Art. 446 du C. d'Instr. Celle.)

SECTION 6. — FAITS NOUVEAUX PENDANT LE COURS DES DÉBATS.

I. — Découverte d'un nouveau crime ou délit. — Complicité dans les faits qui amènent l'accusé devant le Conseil.

153. Si la déposition d'un témoin amenait la découverte d'un crime ou d'un délit autre que celui qui fait l'objet de l'accusation, dont ce témoin ou toute autre personne présente à l'audience pourraient être prévenus, il n'y aurait lieu, comme il est dit sous le n° 58, qu'à de simples réserves de la part du ministère public.

154. Si, au contraire, c'était de complicité avec l'accusé que pourraient être inculpés le témoin ou toute autre personne, procès-verbal serait dressé, et il devrait en être référé au général commandant la division, dans les termes de l'article 106 du Code de Justice militaire, après toutefois le prononcé du jugement sur le crime ou le délit qui fait l'objet de la première accusation. (Voir les n°s 53 à 58.)

Enfin, si les débats amenaient la découverte d'un complice dans les faits pour lesquels l'accusé est mis en jugement, le Conseil de guerre, sur les réquisitions du commissaire impérial, se déclarerait incompétent dans le cas où le complice ne serait ni militaire ni justiciable des tribunaux de l'armée (Voir la formule sous le n° 420) ; ou il rendrait un jugement *avant faire droit* dans la forme indiquée sous le n° 421 , si le complice était justiciable du Conseil. Dans l'un ou l'autre cas , procès-verbal des faits doit être préalablement dressé et signé par le président et le greffier, et cet acte est transmis par le commissaire impérial soit au général de division qui seul peut ordonner des poursuites contre l'inculpé militaire , soit à l'autorité judiciaire si le complice est de la compétence des tribunaux ordinaires.

Le président ne doit pas oublier qu'il commettrait un excès de pouvoir en ordonnant l'arrestation et la mise en cause d'un témoin inculpé de complicité. L'initiative des poursuites qu'il pourrait y avoir lieu de diriger contre ce témoin ne lui appartient pas, car il ne peut être informé à l'égard de cet homme qu'en vertu d'un ordre exprès émané du général de division ou du ministre de la guerre, ainsi qu'il est prescrit par l'article 99 du Code de Justice militaire.

II. — Modification par les débats du fait incriminé.

155. Il résulte quelquefois des débats que le fait pour lequel l'accusé est mis en jugement se trouve modifié et ne constitue plus le délit tel qu'il est spécifié dans l'ordre de mise en jugement. Dans ce cas, le président doit avertir l'accusé et le ministère public qu'il posera d'office telle question qui lui paraîtrait résulter des constatations des débats. Il a le droit, en effet, de poser cette question, qui, bien que formulant une accusation différente de la première, n'est toutefois que la reproduction du fait primitif envisagé sous un autre point de vue et présentant un autre caractère pénal. (Arrêt du 11 mai 1838.)

156. Ainsi, le président peut poser une question de tentative, s'il résulte des débats que le crime n'a pas été consommé (Arr. du 23 septembre 1830), ou une question envisageant l'accusé comme auteur du crime, alors qu'il n'aurait été mis en jugement que comme complice (arr. du 19 juin 1829), ou, au contraire, une question de complicité, si l'accusé avait été mis en jugement comme auteur. (Arr. du 16 avril 1818.)

157. Le président ne peut poser une question de circonstance aggravante *nouvelle* sur le fait principal qu'autant qu'elle résulte des débats. Ainsi, dans une affaire de vol simple, si la circonstance aggravante d'effraction résulte des débats, la question subsidiaire peut être posée. Si le fait primitif dégénère en un autre crime ou délit, il y a lieu de poser les questions qui s'y rattachent comme résultant des débats, la première sur le fait dégénéré, comme serait celui d'homicide, considéré comme simples blessures, et ensuite sur la circonstance aggravante, comme le serait celle d'incapacité de travail personnel de plus de vingt jours ou avec intention de donner la mort. (Arr. des 3 octobre

1850, 10 juin 1852, etc.) De même, si une accusation de voies de fait envers un supérieur ne présentait plus que les caractères d'outrages par gestes, le président pourrait poser la question subsidiaire d'outrages, en prévenant l'accusé et le ministère public de cette disposition.

SECTION 7. — Continuation des débats. — Réquisitoire. — Plaidoirie. — Clôture.

I. — Les débats sont continués sans interruption ni communication au dehors.

158. L'examen et les débats, une fois entamés, sont continués sans interruption et sans aucune espèce de communication au-dehors, et le président ne peut les suspendre que pendant les intervalles nécessaires pour le repos des juges, des témoins et des accusés. (Art. 129, 1er §, J. M. et 353 du C. d'Inst. Clle.)

159. Il est bien entendu que les termes du premier paragraphe de l'art. 129 du Code de Justice militaire ne sont absolus qu'autant que le Conseil n'a pas à statuer sur un incident de la nature de celui relatif aux faux témoins, ou sur tout autre moyen d'exception.

II. — Réquisitoire. — Plaidoirie. — L'accusé doit avoir la parole le dernier. — Clôture des débats.

160. Tous les témoins ayant été entendus, le président donne la parole au commissaire impérial pour ses réquisitions.

161. L'accusé n'a pas le droit de demander acte au Conseil des imputations dirigées contre lui par le ministère public à l'occasion de faits étrangers à la poursuite. (Arr. du 11 janvier 1851.)

162. Dans son réquisitoire, le ministère public doit parler en homme juste et impartial ; l'intérêt public doit constamment présider à ses démarches comme à ses discours ; une conduite passionnée lui est principalement interdite. (Instruction du 29 septembre 1791.)

163. La parole est ensuite donnée au défenseur de l'accusé.

164. Le commissaire impérial peut répliquer, mais le défenseur ou l'accusé doivent toujours avoir la parole les derniers.

165. L'accusé ne peut se plaindre de n'avoir pas eu la parole le dernier, lorsque rien n'établit qu'il a demandé à répliquer. (Arr. des 15 octobre et 22 octobre 1847.)

166. Enfin, personne ne réclamant plus la parole, le président demande à l'accusé s'il a quelque chose à ajouter à sa défense. Après avoir entendu sa réponse, il déclare que les débats sont terminés et fait retirer l'accusé. Le Conseil se rend dans la salle des délibérations, ou, si les localités ne le permettent pas, le président fait retirer l'auditoire. (Art. 130 et 131 du C. de J. M.)

CHAPITRE II.

Procédure relative aux contumax et aux défaillants.

SECTION 1re. — CONTUMAX.

I. — Instruction et formalités avant la réunion du Conseil.

167. Lorsqu'un individu, accusé d'un fait qualifié crime, c'est-à-dire d'un fait entraînant une peine afflictive ou infamante, n'a pu être saisi, ou lorsqu'après avoir été saisi il s'est évadé, il est jugé par contumace.

168. La procédure relative aux contumax ou aux défaillants doit être instruite de la même manière que si les accusés où les prévenus s'étaient présentés : en effet, les actes de la procédure doivent être les mêmes ; mais comme il ne peut y avoir de procès-verbal d'interrogatoire, il faut d'autres actes pour y suppléer ; il est donc nécessaire que toutes les formalités qui tiennent aux principes du droit criminel soient accomplies.

169. L'instruction étant terminée et le général de division ayant prononcé sur la mise en jugement, le président rend une ordonnance (voir le modèle n° 442), portant que l'accusé sera tenu de se présenter dans le délai de dix jours. Cette ordonnance est mise à l'ordre du jour de la place où siége le Conseil de guerre, et une expédition est jointe au dossier. (Art. 175 J. M.)

170. Après l'expiration du délai de dix jours à partir

de la mise à l'ordre du jour de l'ordonnance, et si l'accusé ne s'est pas présenté, il est procédé au jugement (art. 176 J. M.), sur l'ordre du général commandant la division, auquel le commissaire impérial aura rendu compte de l'exécution des diverses formalités, en requérant en même temps qu'il soit passé outre aux débats.

II. — Séance.

171. A l'audience, le Conseil, après avoir entendu la lecture de l'ordre de convocation, examine si les formalités relatives à la sommation concernant l'accusé ont été remplies, c'est-à-dire s'il y a eu un mandat d'amener régulièrement notifié et si l'ordonnance du président a été mise à l'ordre du jour ; ensuite le greffier, sur l'invitation du président, procède à la lecture des rapports et procès-verbaux, de la déposition des témoins et des autres pièces de l'instruction. Toutes ces pièces sont lues en entier à l'audience. (Art. 176 J. M.).

172. Par suite de ces lectures, les témoins ne sont pas appelés à déposer oralement.

173. Nul défenseur ne peut se présenter pour l'accusé contumax. (Art. 176 J. M.)

174. La lecture des pièces terminées, le président donne la parole au commissaire impérial pour ses réquisitions.

175. Ensuite, le Conseil se retire pour délibérer en la forme ordinaire. Dans le jugement à intervenir, on ne doit point admettre de circonstances atténuantes en faveur de l'accusé. — Arrêt du 4 mars 1842. — (Voir le modèle de jugement sous le n° 427. — Voir également les formules de jugements n°s 424 et 425 concernant le renvoi pour cause de prescription et la reconnaissance de l'identité d'un individu.).

SECTION 2. — DÉFAILLANT.

I. — Formalités préalables.

176. Les absents prévenus de délits, c'est-à-dire entraînant une peine correctionnelle, ou inculpés de simples contraventions de police, sont jugés par défaut. — Ils sont *défaillants*.

177. Comme pour le contumax, les formalités préalables de la procédure instruite contre un défaillant, doivent être accomplies avec autant de soins que si le prévenu était présent. Mais ici le président n'a pas à rendre l'ordonnance de se représenter ; c'est au rapporteur et au commissaire impérial à délivrer les mandats de comparution et d'amener, ou la citation à comparaître devant le Conseil.

II. — Séance.

178. Le prévenu ne peut se faire représenter par un défenseur, car il est obligé à *comparution personnelle*. — Art. 152, 185, 186 du C. d'Instr. Celle, et arr. de Cass. du 11 août 1827 (1).

179. Les juges, réunis conformément à l'ordre de convocation du général commandant la division, doivent prononcer dans la forme ordinaire. (Art. 179 J. M.)

(1) L'arrêt dont il s'agit porte en substance « qu'un jugement correctionnel est contradictoire alors même qu'il est rendu en l'absence du prévenu obligé à *comparution personnelle*, si ce prévenu a été défendu par un avocat qui n'ait pas été désavoué. Vainement on dirait qu'aux termes des articles 152, 185 et 186, le tribunal n'aurait pas dû admettre l'avocat à plaider : cette irrégularité n'empêche pas que, de fait, il n'y ait eu réellement défense du prévenu, et que le jugement ne doive être réputé contradictoire. »

180. Ils s'assurent si les formalités de l'assignation ont été remplies et si les actes qui constituent les faits de la cause sont réguliers en la forme.

181. Les témoins peuvent être entendus, car en matière correctionnelle la loi ne s'oppose pas à leur audition à l'audience.

182. Après les dépositions, la parole est donnée au commissaire impérial pour ses conclusions.

183. Le Conseil se retire ensuite dans la salle des délibérations. A l'inverse de ce qui a lieu pour le contumax, le Conseil de guerre peut admettre des circonstances atténuantes en faveur du prévenu défaillant. — Arr. du 1er décembre 1842. — (Voir le modèle de jugement sous le nº 428).

III. — Formalités après le jugement. — Opposition. — Délai.

184. Le jugement rendu par défaut doit être mis à l'ordre du jour de la place et affiché à la porte du lieu où siége le Conseil de guerre, de la même manière que le jugement par contumace.

185. Cinq jours après la signification du jugement par défaut, outre un jour par cinq myriamètres à parcourir, si le condamné n'a pas fait opposition, le jugement est réputé contradictoire.

186. Mais le condamné peut encore, dans les vingt-quatre heures, l'attaquer par le recours en révision.

187. Le Code militaire se tait sur la procédure à suivre lorsqu'une opposition régulière est formée contre le jugement par défaut.

188. Il faut donc, si cette opposition est formée, recourir au Code d'Instruction criminelle. Aux termes de l'article 188 de ce Code, « l'opposition emportera de droit citation à la première audience : elle sera non avenue si l'opposant n'y comparaît pas, et le jugement que le tribunal aura rendu sur l'opposition ne pourra être attaqué par la partie qui l'a formé, si ce n'est par appel. »

189. Il résulte de ce texte, dit M. V. Foucher, que l'opposition suspend l'exécution du jugement par défaut et le fait même tomber si le défaillant se présente à l'audience ; mais comme d'une part, les Conseils de guerre n'ont pas d'audience à jour fixe, et que, de l'autre, la jurisprudence admet que le défaut de représentation du défaillant à la première audience n'emporte pas de plein droit la déchéance de l'opposition, le commissaire impérial, sur le vu de l'opposition qui lui sera signifiée, doit donner citation au défaillant à comparaître à l'audience du Conseil qu'il spécifiera dans cette citation, et, si l'absent ne comparaît pas à l'audience désignée, il devra requérir que le défaillant soit déchu de son opposition et que le jugement rendu par défaut soit déclaré contradictoire, conformément au dernier paragraphe de l'article 179 du Code de J. M.

190. La citation du ministère public devra être donnée dans les termes de l'article 184 du Code d'Instruction criminelle, au domicile que le défaillant aura pris dans sa requête d'opposition, ou, s'il n'en indique pas, au domicile où le jugement par défaut lui aura été notifié.

191. Le Conseil de guerre pourrait adopter, dans le cas d'opposition, les formules portées sous les nos 429, 429 *bis* et 429 *ter*. (Voy. également les observations sur les *Prescriptions*, no 402 et suivants.)

CHAPITRE III.

Délibération.

SECTION 1re. — Jugement de condamnation.

I. — Règles pour la position des questions. — Complexité.

192. Au moment de la délibération, les juges ne peuvent plus communiquer avec personne ni se séparer avant que le jugement ait été rendu ; ils ont sous les yeux les pièces de la procédure ; le président pose les questions qu'il a rédigées et recueille les voix en commençant par le grade inférieur ; il émet son opinion le dernier.

193. En quittant la salle d'audience, la conviction du juge sur la culpabilité doit être formée. La discussion avant le vote pourrait être entourée d'inconvénients ; et l'un des plus graves serait celui où le juge supérieur en grade laisserait entrevoir son opinion, exerçant ainsi, à son insu, une pression sur son inférieur. Il faut donc que cette première partie de la délibération soit dégagée d'influence, de cette nature surtout.

194. M. le ministre de la guerre, dans sa circulaire du 28 juillet 1857, a tracé ainsi les règles pour la position des questions :

« L'article 132 (J. M.) précise l'ordre dans lequel les questions doivent être posées par le président ; il est essentiel que cet ordre soit exactement suivi, afin que chaque question présente un sens complet, sans tomber cependant dans le vice de la complexité.

» La première question doit porter sur le fait principal, en spécifiant les éléments constitutifs de l'infraction.

» Chaque circonstance aggravante doit ensuite être l'objet d'une question spéciale, de manière à ce que l'accusation tout entière soit purgée, et, s'il y a plusieurs chefs d'accusation, le même ordre doit être suivi pour chacun d'eux.

» Ainsi, dans une accusation de *voies de fait envers un supérieur pendant le service ou à l'occasion du service,* la question principale pourrait être ainsi posée :

» N... est-il coupable de voies de fait envers N... (nom » et grade), son supérieur ? »

» La deuxième question serait celle-ci : « Ces voies de » fait ont-elles été commises pendant le service ou à l'oc- » casion du service ? »

» Lorsque la loi autorise l'admission des circonstances atténuantes, le président du Conseil doit poser la question ; mais le jugement ne doit en faire mention qu'autant que la majorité l'a résolue en faveur de l'accusé, et, dans ce cas, le jugement doit le constater en ces termes : « A la majo- » rité, il y a des circonstances atténuantes en faveur de... »

195. Un arrêt de cassation du 7 avril 1865, portant annulation d'une procédure suivie devant la justice militaire du port de Brest, contre un nommé Robbe, matelot, accusé de vol, rappelle de son côté que la loi impose au président, l'obligation de soumettre aux juges des questions distinctes pour les divers éléments de criminalité, et lui interdit d'en comprendre aucun dans le contexte de la question qui porte sur le fait principal. D'après ce même arrêt, les juges doivent délibérer et opiner par votes successifs, d'abord sur le fait principal, et ensuite sur chacune des circonstances aggravantes, dans l'ordre des questions, dont le président est tenu de provoquer isolément la solution.

196. La complexité d'une question qui comprend le fait principal et la circonstance aggravante, entraîne la nullité du jugement. (Arr. des 14 janvier 1841, 12 juin 1845 et 23 janvier 1846.)

197. La culpabilité étant admise, la discussion sur l'application de la peine n'offre plus les inconvénients signalés plus haut ; elle a même l'avantage de ramener l'unité dans l'application de la loi.

II. — Distinction des circonstances aggravantes et des circonstances constitutives.

198. Les circonstances aggravantes sont celles qui, lorsqu'elles sont résolues affirmativement, exposent l'accusé à une peine plus grave. Lorsqu'un fait est prévu par la loi pénale, toute circonstance qui entraîne une augmentation de peine est aggravante. La circonstance est aggravante lorsqu'indépendamment d'elle, le fait principal constitue un fait puni par la loi. (Arr. du 23 septembre 1837.)

199. Les circonstances constitutives sont celles sans l'existence desquelles le fait reproché n'est puni par la loi ni comme crime ni comme délit.

200. Les circonstances aggravantes, comme on l'a vu plus haut, doivent être posées séparément. Quant aux circonstances constitutives, elles doivent être comprises dans le fait principal, car, si l'on détachait du fait principal une circonstance constitutive pour la ranger parmi les circonstances aggravantes, on dépouillerait ce fait de toute criminalité (Arr. du 28 septembre 1838) ; et le fait principal doit toujours être punissable soit comme crime, soit comme délit.

III. — La question de culpabilité est résolue à la majorité de cinq voix au moins.

201. La question de culpabilité ne peut être résolue qu'à la majorité de cinq voix contre deux. Quatre voix affirmatives contre trois négatives entraînent l'acquittement. (Art. 133 J. M.)

IV. — Circonstances atténuantes.

202. Pour l'admission des circonstances atténuantes, il faut la majorité absolue des voix, c'est-à-dire quatre voix contre trois. Il est dit, sous le n° 194, que le président du Conseil doit, lorsque la loi le permet, poser la question, mais que le jugement ne doit en faire mention qu'autant que la majorité l'a résolue en faveur de l'accusé, et que, dans ce cas, le jugement doit la constater en ces termes : *A la majorité, il y a des circonstances atténuantes en faveur de...* Ainsi, dans le jugement, il ne doit exister aucune trace de la question des circonstances atténuantes, si le Conseil n'a pas cru devoir la résoudre affirmativement.

203. Lorsque le Code militaire autorise l'admission des circonstances atténuantes, chaque article indique dans quelle limite les peines sont modifiées.

204. Les articles 248, 250, 251, 252, 254, 255, 257, 261, 263 et 265 du Code de Justice militaire sur le vol, le pillage, la destruction, la dévastation d'édifices, les faux, la corruption, la prévarication, l'infidélité et l'usurpation d'uniforme, autorisent l'admission des circonstances atténuantes. Les autres crimes ou délits qui s'attaquent à la constitution de l'armée, ne comportent pas cette atténuation.

205. Dans le droit commun, les circonstances atténuantes sont appliquées d'une manière générale, et lorsque le Conseil a à statuer sur un crime ou sur un délit prévu et puni par le Code pénal ordinaire, il doit, dans le cas de circonstances atténuantes, modifier la peine, aux termes des prescriptions de l'article 463 dudit Code pénal.

206. Lorsque plusieurs crimes ou délits sont reprochés au même individu, il n'est pas nécessaire de répéter pour chaque chef d'accusation la déclaration d'admission de circonstances atténuantes. Il suffit de l'indiquer après la solution de toutes les questions.

207. Si un militaire, reconnu coupable de désertion, est condamné par le même jugement pour un fait entraînant une peine plus grave, cette peine ne peut être réduite par l'admission de circonstances atténuantes. (Art. 243, J. M.).

V. — Complicité. — Coauteurs.

208. Les articles 59, 60, 61 et 62 du Code pénal, auxquels renvoie l'article 202 du Code de Justice militaire, définissent les caractères constitutifs de la complicité.

La complicité d'une action qualifiée crime ou délit résulte :

Des dons, promesses, menaces, abus d'autorité ou de pouvoir, machinations ou artifices coupables ayant provoqué à cette action ;

Des instructions données pour la commettre ;

Du fait d'avoir procuré des armes, des instruments, ou tout autre moyen qui auront servi à l'action, sachant qu'ils devaient y servir ;

De l'aide, de l'assistance sciemment donnés à l'auteur ou aux auteurs de l'action, dans les faits qui l'ont préparée ou facilitée, ou dans ceux qui l'ont consommée ;

Du logement, du lieu de retraite ou de réunion habituellement livrés aux malfaiteurs exerçant des brigandages ou des violences contre la sûreté de l'État, la paix publique, les personnes ou les propriétés, et dont la conduite criminelle était connue ;

Du fait d'avoir sciemment recélé tout ou partie des choses enlevées, détournées ou obtenues à l'aide d'un crime ou d'un délit.

209. Les complices d'un crime ou d'un délit doivent être punis des mêmes peines que les auteurs principaux, à moins que la loi en ait disposé autrement.

210. Pour qu'il y ait condamnation comme complice d'un crime ou d'un délit, il faut que le jugement constate et établisse la complicité telle qu'elle est définie par la loi. (Arr. du 24 juillet 1847.)

211. Il est essentiel que chaque question précise les caractères constitutifs de la complicité imputée au prévenu.

212. Il ne faut pas confondre les complices avec les coauteurs, bien qu'à cet égard la loi française laisse peut-être à désirer en plaçant parmi les simples complices les individus qui aident dans la perpétration du crime. Par suite, la jurisprudence a admis qu'on devait considérer comme coauteurs, et non comme complices, tous les individus déclarés coupables du fait principal commis de complicité les uns avec les autres (Arr. des 31 juillet 1818, 24 mars et 30 décembre 1853.) — Voir pour la question *d'excuse,* nº 259; pour les *frais,* nº 241 et suiv.; pour la *tentative,* nº 549; pour la *complicité*, nº 550 et suiv.

Ceux qui ont coopéré à l'exécution du crime par un fait immédiat et direct sont considérés comme coauteurs. Lorsque deux accusés sont déclarés coupables d'avoir ensemble et de complicité commis un meurtre, il n'est pas besoin de constater les faits caractéristiques de la complicité.

VI. — Peine. — Nombre de voix pour l'application. — Dispositif distinct lorsqu'il y a plusieurs accusés.

213. La peine est prononcée à la majorité de cinq voix contre deux. Si aucune peine ne réunit cette majorité, l'avis le plus favorable sur l'application de la peine est adopté; c'est-à-dire, que si les sept membres du Conseil prononçaient chacun une peine différente, la peine la moins forte serait prononcée. (Art. 134. J. M.)

214. Il est bien entendu que rien ne s'oppose à ce qu'il soit procédé à un second tour de scrutin pour arriver à former la majorité de cinq voix. M. V. Foucher et M. Alla le conseillent, et le Ministre de la Guerre le prescrit dans toutes ses instructions données à ce sujet aux tribunaux de l'armée, et si, après avoir mis aux voix les différents avis, en commençant par le plus sévère, chaque juge persiste dans son vote, la peine la plus faible doit être appliquée, n'y eût-il qu'un seul juge qui eût voté pour cette peine (1).

(1) Dans une lettre en date du 8 octobre 1849, M. le Ministre de la Guerre s'exprime ainsi : « Les membres des Conseils de guerre ont à remplir dans chaque jugement les fonctions de jurés, puis ensuite celles de juges, et ils ne peuvent en *aucune manière* se dispenser de remplir les dernières, de telle sorte que, lorsqu'il y a culpabilité reconnue par le nombre de voix nécessaire pour entraîner condamnation, *la minorité doit accepter cette déclaration* du Conseil et voter ensuite pour l'application de la peine. Ces principes doivent être suivis dans tous les cas, aussi bien lorsque la peine est fixe et invariable, que lorsqu'elle présente un maximum et un minimum ; mais dans ce dernier cas, il est à remarquer qu'il y va même de l'intérêt de l'accusé, puisque les juges qui l'ont déclaré non coupable peuvent, en prenant part au vote sur l'application de la peine, déterminer une faible condamnation dans le cas où se présenterait le partage des voix.

. . . . . » Il est de principe que, dans le cas où un partage des votes rend nécessaire un second tour de scrutin, la peine la plus forte doit être mise aux voix la première; de même qu'en cas de conviction de plusieurs crimes ou délits, la délibération doit porter d'abord sur le fait le plus grave. »

L'opinion de M. le Ministre de la Guerre est professée par tous les jurisconsultes militaires ou civils. Voici l'avis de M. de Chénier dans son *Guide des Tribunaux militaires* (2e vol., pag. 15).

« L'application de la peine doit être déterminée par la majorité de cinq voix. Toutefois, il pourrait arriver que cette majorité ne se rencontrât pas. (C'est le cas prévu aujourd'hui par le 4e § de l'article 134 du Code de J. M.). Par ces mots : *l'avis le plus favorable est adopté*, il faut entendre l'opinion même d'un seul juge qui aurait voté la peine la moins forte; mais il est essentiel d'observer qu'il n'y a lieu à s'en tenir à l'opinion d'un seul juge que quand les voix disséminées sur plusieurs peines différentes ne peuvent pas être réunies malgré les efforts qu'a pu faire le président. — Ici M. de Chénier suppose le cas d'un individu déclaré coupable de vol : — « Je suppose, dit-il, qu'un juge ait voté pour trois ans de prison, un autre pour cinq ans de la même peine, un troisième pour cinq ans de réclusion, un quatrième pour huit ans, un cinquième pour cinq ans de travaux forcés, et les deux derniers pour six ans; le président doit tâcher de réunir le tribunal sur une seule nature de peine; il peut, après une discussion qui a toujours été de droit, mettre aux voix successivement les peines les plus fortes, et

215. Dans le cas où la majorité de cinq voix ne se réunirait pas pour l'application de la peine, le jugement doit indiquer comment les voix se sont partagées, et mentionner que la peine la moins forte a été prononcée, conformément à l'article 134 du Code de Justice militaire.

216. Lorsque plusieurs accusés sont condamnés par le même jugement, il faut nécessairement statuer par un dispositif distinct à l'égard de chaque condamné, et citer séparément les articles de la loi appliquée à chacun d'eux, surtout lorsque les peines prononcées ou les lois invoquées ne sont pas les mêmes pour tous.

217. Lorsque le Conseil doit faire l'application d'une peine afflictive ou infamante, il doit prononcer contre le condamné la dégradation militaire et la surveillance de la haute police, qui sont des peines accessoires, et le président donne lecture des articles 188, 189 du Code de Justice militaire, 17, 18, 19, 20 et 21 du Code pénal, suivant le cas, et 47 du même Code.

il sera rare qu'on n'arrive pas à une majorité de cinq ; mais si, fixé sur la nature de la peine, on ne peut s'entendre sur sa durée, la même opération sera recommencée, et si elle n'amène aucun résultat de majorité, l'avis le plus favorable prévaudra ; s'il n'y a qu'un seul juge qui ait voté pour trois ans de prison, trois ans de prison seront appliqués. »

A son tour, Le Graverend, dans son *Traité de Législation criminelle*, dit ceci :

« S'il arrivait que trois, quatre ou même un plus grand nombre de juges fussent partagés en trois, quatre ou un plus grand nombre d'avis sur l'application de la loi, il faudrait alors que chaque avis fût mis successivement aux voix par le président. Le résultat de cette délibération amènerait nécessairement soit la majorité légale de cinq voix, soit une minorité de trois voix en faveur de l'accusé. »

Les principes ci-dessus n'ont été modifiés par aucune disposition du Code de Justice militaire, et les juges, lorsqu'il y a lieu, doivent en faire l'application.

VII. — Atténuation de peine à l'égard des condamnés âgés de moins de seize ans et de plus de soixante ans.

218. D'après l'article 66 du Code pénal, lorsque l'accusé a moins de seize ans, s'il est décidé qu'il a agi sans discernement, il est acquitté; mais il doit être, selon les circonstances, remis à ses parents, ou conduit dans une maison de correction, pour y être élevé et détenu pendant tel nombre d'années que le jugement déterminera, et qui toutefois ne pourra excéder l'époque où il aura accompli sa vingtième année.

S'il est décidé qu'il a agi *avec discernement*, le mineur qui aura encouru la peine de mort, des travaux forcés à perpétuité, de la déportation, sera condamné, aux termes de l'article 67, à la peine de dix à vingt ans d'emprisonnement dans une maison de correction. Le mineur de seize ans qui a encouru la peine des travaux forcés à temps ou de la réclusion, doit être renfermé dans une maison de correction pour un temps égal au tiers au moins ou à la moitié au plus de celui pour lequel il aurait pu être condamné, s'il eût eu plus de seize ans. Si des circonstances atténuantes sont admises en faveur du mineur déclaré avoir agi avec discernement, celui-ci doit jouir de la double atténuation introduite par les articles 67 et 463 du Code pénal ordinaire. (Arr. du 27 mai 1852.)

219. Les peines de la dégradation militaire, de la destitution et des travaux publics sont remplacées par un emprisonnement de un à cinq ans dans une maison de correction. (Art. 199, J. M. — Voy. au surplus, pour l'application de la peine, les art. 66, 67 et 69 du Code pénal, et, pour la question de discernement, les n°s 264, 265 et 465.)

220. Les individus âgés de soixante ans accomplis ne peuvent être condamnés aux travaux forcés. (Art. 3 et 5 de la loi du 30 mai 1854.) Les travaux forcés à perpétuité ou à temps sont remplacés par la réclusion, soit à perpétuité, soit à temps. (Voir le jugement sous le n° 417.)

VIII. — Condamné, membre de la Légion-d'Honneur.

221. Si le condamné à une peine afflictive et infamante est membre de la Légion-d'Honneur ou décoré de la médaille militaire, le jugement déclare qu'il est déchu de la Légion-d'Honneur ou de la médaille militaire. Dans ce cas, le Conseil ajoute au dispositif du jugement de condamnation la formule suivante :

« Et vu l'art. 138 du Code de Justice militaire ainsi » conçu (lire le texte) :

» Le Conseil déclare que le nommé..... cesse de faire » partie de l'ordre impérial de la Légion-d'Honneur (ou : » d'être décoré de la médaille militaire). » Le condamné n'est pas ramené à l'audience pour entendre sa déchéance. (Voir le jugement sous le n° 417.)

222. Cette sentence ne commence à recevoir son effet que du jour où le condamné est dégradé devant la troupe.

IX. — Cumul des peines.

223. Lorsque l'accusé est déclaré coupable de plusieurs crimes ou délits, la peine la plus forte est seule prononcée. (Art. 135 J. M.)

224. A cet effet, le président met aux voix la peine que comporte le fait le plus grave. Par exemple, si l'accusé est reconnu coupable de vol dont il n'est pas comptable envers un militaire (sans circonstances atténuantes), et de bris d'un effet d'armement, la délibération ne devra porter que sur l'article 248, puisque la peine édictée est de cinq à dix ans de réclusion, tandis qu'aux termes de l'article 254, la peine pour le bris d'armes n'est que de deux ans à cinq ans de travaux publics.

225. Lorsqu'un accusé a été reconnu coupable de plusieurs crimes ou délits, il faut rappeler dans le jugement tous les articles relatifs aux peines applicables aux faits déclarés constants, sauf l'application de l'article 135 du Code militaire, qui prohibe le cumul des peines.

226. La loi doit être appliquée, à peine de nullité, dans toute son étendue, ainsi que le prescrit l'article 140 du C. de J. M. combiné avec l'article 74 du même Code. Ainsi, lorsque la loi prononce contre un délit l'emprisonnement et l'amende, ces deux peines doivent être prononcées cumulativement, à moins que par suite de l'admission de circonstances atténuantes, la loi n'autorise à ne prononcer que l'une ou l'autre de ces peines.

227. Toutefois, dans le crime de *faux,* l'amende est impérativement ordonnée, même dans le cas de circonstances atténuantes, et son minimum ne peut être fixé au-dessous de cent francs. (Art. 164 du Code pénal) (1).

228. Mais il est bien entendu qu'il en serait autrement si l'accusé était déclaré coupable d'un crime pouvant entraîner une peine plus grave. Comme nous l'avons dit plus haut, l'article 135 J. M., qui prohibe le cumul des peines, porte que, « en cas de conviction de plusieurs crimes ou délits, la peine la plus forte est seule prononcée. » Donc, la peine qui est la plus grave par sa nature absorbe la peine la moins grave avec tous ses accessoires. Ainsi jugé par les arrêts de Cassation des 17 août, 29 septembre 1815, 11 septembre 1823, 29 décembre 1826, 6 mars, 19 septembre 1828, 11 décembre 1834, 6 avril 1837.

229. Ainsi, lorsqu'un accusé, déclaré coupable de vol avec escalade ou effraction et de faux en écriture privée, est condamné à la peine des travaux forcés à temps pour le premier crime, il ne doit point subir la peine accessoire

(1) Cependant, les tribunaux militaires peuvent remplacer l'amende, même en cas de *faux*, par un emprisonnement de six jours à six mois. (Voir nos 294, 417.)

de faux (l'amende), qui se trouve absorbée avec la peine principale de ce crime, qui est la réclusion. (Arr. des 29 septembre 1815, 11 septembre 1823, 6 mars 1828 et 11 décembre 1834.)

230. L'amende ne serait donc prononcée que dans le cas où, en matière de cumul, la peine édictée par le crime de faux absorberait une peine moins forte.

231. Si un accusé se trouvait déjà sous le poids d'une peine prononcée par une autre juridiction, il serait loisible au Conseil de confondre la seconde peine encourue dans celle déjà prononcée sans aggraver celle-ci. (Voir le jugement sous le nº 417.)

232. En général, les peines de même nature pour les divers crimes ou délits peuvent se cumuler jusqu'à ce que, réunies, elles atteignent le *maximum* qui, par sa durée, constitue la peine la plus forte.

233. Les peines prononcées pour contravention de simple police doivent être cumulées.

234. Un cas exceptionnel existe pour le cumul de peines. Tout individu qui aurait encouru une condamnation pour évasion, par bris de prison ou par violence, doit cumuler cette peine avec celle qu'il aurait encourue pour le fait à raison duquel il était détenu. — L'article 245 du Code pénal est général et embrasse tout fait d'évasion, que cette évasion ait eu lieu pendant l'instruction de la procédure, ou qu'elle se soit produite dans le cours de l'exécution d'une peine. (Arr. du 9 juillet 1859.)

X. — Des peines de la récidive pour crimes et délits.

235. Le Code de Justice militaire n'a prévu la récidive que pour le cas de désertion. (Art. 230 et 236.) Il n'y a donc lieu à ne faire encourir les effets de cette peine, qu'autant que le fait qui a motivé la première condamnation serait, dit M. le ministre de la guerre dans sa circulaire du 28 juillet 1857, une infraction de droit commun, aux termes du dernier paragraphe de l'article 56 du Code pénal ordinaire. Ainsi, il ne peut y avoir application de la récidive qu'autant que le premier fait a été puni par ce dernier Code.

236. D'après l'article 56, quiconque a été condamné à une peine afflictive ou infamante emportant la peine du bannissement, sera condamné à la détention.

Si le second crime emporte la peine de la réclusion, le coupable sera condamné aux travaux forcés à temps.

Si le second crime emporte la peine de la détention, il sera condamné au *maximum* de la même peine, laquelle pourra être élevée jusqu'au double.

Si le second crime emporte la peine des travaux forcés à temps, il sera condamné au *maximum* de la même peine, laquelle pourra être élevée jusqu'au double.

Si le second crime emporte la déportation, il sera condamné aux travaux forcés à perpétuité.

Celui qui, ayant été condamné aux travaux forcés à perpétuité aura commis un second crime emportant la même peine, sera condamné à la peine de mort.

237. Aux termes de l'art. 57 du C. P., quiconque ayant été condamné pour crime à une peine supérieure à une année d'emprisonnement, aura commis un délit ou un crime qui devra n'être puni que de peines correctionnelles, sera condamné au maximum et cette peine pourra être élevée jusqu'au double. Le condamné sera mis sous la surveillance de la haute police pendant cinq ans au moins et dix au plus.

238. Enfin, l'article 58 du même Code porte que les coupables condamnés correctionnellement à un emprisonnement de plus d'une année seront aussi, en cas de nouveau délit ou de crime qui devra n'être puni que de peines correctionnelles, condamnés au maximum de la peine portée par la loi, et cette peine pourra être élevée jusqu'au double :

ils seront de plus mis sous sous la surveillance spéciale du gouvernement pendant au moins cinq ans et dix ans au plus.

239. Pour appliquer la peine de la récidive, il faut avoir sous les yeux une expédition de la première condamnation ou une mention authentique de son contenu. (Arr. 28 février 1846). Le certificat du directeur de la prison ne suffit pas (Arr. 11 septembre 1828); il en est de même de l'aveu de l'accusé. (Arr. 18 août 1853.) — Le ministère public peut prouver par témoins que l'accusé a déjà été condamné sous un autre nom. (Arr. 10 juillet 1828, 23 juin 1853). La récidive a pu être prononcée par la production d'un extrait du casier judiciaire, confirmé par l'aveu de l'accusé. (Arr. 4 février 1860.)

240. Pour qu'il y ait récidive, la première condamnation doit être prononcée par un tribunal français (Arr. 27 novembre 1828); elle doit être passée en force de chose jugée, au moment où le coupable a commis le nouveau fait pour lequel il est condamné. (Arr. 6 mai 1826.) — Pour appliquer la peine de la récidive, on peut s'appuyer sur un jugement par défaut, valablement signifié, et non suivi d'opposition. (Arr. 8 juin 1860.) — On ne peut opposer au condamné un jugement par défaut qui ne lui a pas été notifié, et auquel il n'a pas d'ailleurs acquiescé. (Même arrêt). — Le jugement contre lequel on s'est pourvu, ne peut servir de base à la récidive, tant qu'il n'a pas acquis l'autorité de la chose jugée. (Arr. 12 mai 1832.)

241. La prescription de la peine et les lettres de grâce ou de commutation n'éteignent pas le premier crime et ne peuvent conséquemment dispenser de l'aggravation de la récidive (Arr. 4 juillet 1828 — 19 juillet 1839). — Même décision relativement à la réhabilitation. (Arr. 6 février 1823.) — Il en est autrement de l'amnistie pleine et entière. (Arr. 11 juin 1825, 25 novembre 1853.)

242. Pour justifier la condamnation d'un accusé à la

peine de la récidive, il faut, après avoir déclaré la culpabilité, constater expressément que cet accusé est en état de récidive légale, en précisant la date et la nature de la première décision, la juridiction dont elle est émanée, et en indiquant en outre qu'elle a acquis l'autorité de la chose jugée. — (Voir la formule de jugement sous le nº 417.)

XI. — Frais. — Solidarité. — Contrainte par corps. — Restitution des objets saisis ou produits au procès.

243. Le jugement qui prononce une peine contre l'accusé le condamne aux frais envers l'Etat. (Art. 139 J. M.— En cas d'*absolution*, voy. nº 419.)

244. Lorsque plusieurs individus ont été poursuivis collectivement pour les mêmes faits, les accusés, reconnus coupables, doivent être condamnés solidairement à tous les frais, même à ceux concernant les accusés acquittés. (Arrêt du 12 octobre 1849. — Article 23 du décret du 13 novembre 1857.)

245. Lorsque deux prévenus poursuivis collectivement sont déclarés coupables de délits distincts (non déclarés connexes), il ne faut pas prononcer la solidarité. (Arr. du 28 septembre 1849.) — Quand il n'y a pas lieu à solidarité, le Conseil détermine la portion de frais afférente à chacun des prévenus qui succombent. (Arr. du 7 janvier 1859.)

246. Lorsque l'accusé est déclaré coupable d'un crime ou d'un délit, si les condamnations pécuniaires s'élèvent à 300 francs, il faut (et même d'office), fixer la durée de la contrainte par corps, aux termes des art. 7 et 40 de la loi du 17 avril 1832 et 8 du décret du 13 décembre 1848. (Six mois à 5 ans, et, si le débiteur a commencé sa 70e année, trois mois à trois ans.)

247. Pour composer les 300 fr., on réunit aux frais le montant de l'amende. (Arr. du 24 août 1843.)

248. Il ne faut pas fixer la contrainte, si l'accusé est condamné à une peine perpétuelle (Arr. 13 août 1857).

249. Le Conseil ordonne, dans les cas prévus par la loi, la confiscation des objets saisis et la restitution, soit au profit de l'Etat, soit au profit des propriétaires, de tous objets saisis ou produits comme pièces de conviction. (Art. 139 J. M.)

250. La confiscation des objets saisis doit s'entendre de ceux qui forment le corps du délit quand la propriété en appartient au condamné, ou des choses produites par le délit, ou encore de celles qui ont servi ou qui ont été destinées à le commettre. (V. Foucher, pag. 438.)

251. Le Conseil peut ordonner la restitution, malgré l'acquittement de l'accusé (Arr. 30 mars 1843), et quoique l'accusé soutienne que les objets saisis sont sa propriété. (Arr. du 3 février 1858.)

XII. — Publicité du jugement.

252. Le jugement doit être prononcé en séance publique dans toutes les hypothèses, alors même que les débats auraient eu lieu à huis-clos. Le président donne lecture des motifs et du dispositif du jugement ; c'est-à-dire qu'il ne doit pas se contenter de lire la partie du jugement qui prononce la peine, mais qu'il doit également lire les questions posées au Conseil sur les faits imputés à l'accusé ainsi que les réponses qui en ont été la suite.

253. Il en est de même pour le texte de la loi appliquée. (Art. 140 du C. J. M.) — Voir la formule du jugement de condamnation sous le n° 417.

SECTION 2. — Jugement d'acquittement.

---

254. On a vu qu'aux termes de l'article 133 du Code de Justice militaire, la question de culpabilité ne pouvait être résolue qu'à la majorité de cinq voix contre deux. Conséquemment, un nombre de voix inférieur à cette majorité entraîne l'acquittement de l'accusé, et, dans le dispositif du jugement, le président doit ordonner qu'il soit mis en liberté s'il n'est retenu pour autre cause. (Art. 136 J. M.) Les jugements incidents sont soumis à la régle tracée par l'art. 133, même au cas de huis-clos. — Voir la formule du jugement d'acquittement sous le nº 418.

255. Mais s'il ressort, soit des pièces produites, soit des débats, que l'accusé peut être poursuivi à raison *d'un autre fait,* non compris dans l'ordre de mise en jugement, le Conseil de guerre ordonne, soit d'office, soit sur les réquisitions du commissaire impérial, qu'il restera en état d'arrestation jusqu'à ce qu'il ait été statué par le général commandant la division dans l'étendue des pouvoirs qui lui sont accordés par l'art. 99 du C. de J. M. — Voy. les observations à ce sujet sous le nº 53. — Voir aussi le nº 266 et suiv.

SECTION 3. — JUGEMENT D'ABSOLUTION.

I. — Dans quel cas un accusé peut être absous. — Excuses légales. — Question de discernement.

256. Si un Conseil de guerre déclare que le fait commis par l'accusé ne donne lieu à l'application d'aucune peine, il prononce son absolution, et le président ordonne qu'il sera mis en liberté à l'expiration du délai fixé pour le recours en révision. (Art. 136, 4e § J. M.)

257. Tel serait le cas où un individu aurait été déclaré coupable d'avoir commis un *outrage à la pudeur;* l'art. 330 du Code pénal n'atteint que *l'outrage public* à la pudeur, et ne s'applique aucunement au fait d'outrage qui n'est pas accompagné de la circonstance de publicité.

258. Il y a lieu à absolution, si l'accusé, âgé de moins de seize ans, est déclaré avoir agi sans discernement (Art. 66 du Code pénal. — Arr. 2 juin 1831); si l'accusé est déclaré coupable d'un fait éteint par la prescription. (Art. 627, 638 du Code d'Instruction Clle. — Arr. 22 avril 1830.)

259. Il y a encore lieu à absolution (équivalant à un acquittement) si l'accusé, reconnu coupable de complicité, est déclaré n'avoir pas agi avec connaissance (Arr. 4 mai 1827); — si l'accusé, reconnu coupable de faux, est déclaré n'avoir pas agi frauduleusement (Arr. 25 février 1830); — si l'accusé est déclaré coupable d'une tentative de crime, suspendue par des circonstances dépendantes de sa volonté (Arr. 25 juillet 1817); — si l'accusé, reconnu coupable, est en même temps déclaré avoir été en état de démence au temps de l'action (Arr. 2 juin 1831); — ou avoir été contraint à l'action par une force à laquelle il n'a pu résister (Art. 64 C. P., — Arr. 2 juin 1831); — si l'accusé est déclaré avoir agi en état de légitime défense.

260. Il faut poser autant de questions d'excuse qu'il y a de chefs d'accusation. (Arr. 29 mars 1857.)

261. Le président n'est pas obligé de poser une question d'excuse, lorsque l'accusé ne l'a pas demandé. (Arr. 12 septembre 1833.)

262. Lorsque la position d'une question d'excuse légale est demandée, le président ne peut refuser de la soumettre au Conseil (Arr. 15 juin 1855), quoique le fait allégué ne résulte pas du débat (Arr. 28 juillet 1839), et quel qu'ait été le langage de l'accusé à une autre époque des débats. (Arr. 31 mars 1842).

263. Le caractère d'excuse appartient à tout fait qui, d'après les dispositions de la loi, est de nature à atténuer, à modifier ou à supprimer la peine encourue. (Arr. 8 juin 1839).

264. La solution de la question de l'âge de l'accusé rentre dans les attributions du Conseil. (Arr. 4 mai 1839). — Dans le doute sur l'âge, il faut demander : 1° si l'accusé avait moins de seize ans à l'époque de l'action ; 2° s'il a agi avec discernement (même arrêt). — Lorsqu'il n'y a aucune incertitude sur l'âge, on se borne à demander si l'accusé, âgé de moins de seize ans à l'époque de l'action, a agi avec discernement.

265. Lorsqu'un mineur de seize ans est accusé de plusieurs crimes, il faut poser autant de questions de discernement qu'il y a de chefs d'accusation. (Arr. 9 février 1854). — Voyez pour l'application de la peine, 218 et 219. — Voyez également la formule du jugement d'absolution sous le n° 419, celle indiquée sous le n° 424, et, pour les questions de *discernement* et d'*excuse*, n° 465.

II. — L'accusé acquitté ou absous ne peut être repris à raison du même fait.

266. Aux termes de l'article 137 du C. de J. M., tout individu acquitté ou absous ne peut être repris ni accusé à raison du même fait. Ainsi, l'individu acquitté ne pourrait plus être repris, quoique postérieurement on eût acquis la certitude de sa culpabilité. Cependant, il est des cas où de nouvelles poursuites peuvent être exercées, non sur le fait qui a déjà été apprécié, mais sur des circonstances de ce fait qui constituent à elles seules un crime ou un délit. Il en serait ainsi dans le cas où un individu, accusé de vol commis à l'aide de violences, aurait été acquitté sur le fait principal de vol. Rien ne ferait obstacle à ce qu'il fût poursuivi ultérieurement à raison des violences, parce qu'elles constituent un chef d'accusation distinct et indépendant du crime dont il n'était d'abord qu'une circonstance aggravante.

267. La jurisprudence établit que l'autorité de la chose jugée est acquise, même au cas où l'acquittement aurait été prononcé incompétemment. (Arr. 20 juillet 1832.)

268. L'autorité de la chose jugée est opposable en tout

état de cause. Les tribunaux doivent même appliquer *d'office* l'exception tirée de la chose jugée. (Arr. du 11 juillet 1806.)

269. L'accusé acquitté du crime *d'assassinat*, ne peut être repris pour le même homicide considéré comme *meurtre*.

270. L'individu acquitté d'une prévention d'escroquerie commise en prenant un faux nom dans un acte public, ne peut pas être poursuivi de nouveau à raison du même fait considéré comme constituant un crime de faux. (Arr. du 10 juillet 1806.)

271. Néanmoins, l'individu acquitté comme non coupable d'avoir excité des soldats à passer à l'ennemi ou aux rebelles, peut être poursuivi de nouveau comme prévenu de provocation à la désertion, sans qu'il résulte une violation de la règle *Non bis in idem.* (Arr. du 21 octobre 1831.)

272. L'individu acquitté d'une accusation de *meurtre* peut encore être poursuivi à raison du même homicide, considéré comme commis par maladresse, imprudence ou négligence. (Arr. 16 juillet 1842.)

SECTION 4. — DES PEINES ET DE LEURS ACCESSOIRES.

I. — Nature des peines qui peuvent être appliquées par un Conseil de guerre.

273. La loi française distingue trois catégories de peines : 1° les peines criminelles pour les crimes ; 2° les peines correctionnelles pour les délits, et 3° les peines de simple police pour les contraventions.

274. Les peines criminelles sont ou *afflictives et infamantes*, ou simplement *infamantes*. Les premières sont : la mort, les travaux forcés à perpétuité, la déportation, les travaux forcés à temps, la détention et la réclusion. — Les secondes sont : le bannissement et la dégradation militaire.

275. Les peines correctionnelles sont : la destitution, les travaux publics, l'emprisonnement, l'amende.

276. Les peines de police sont : l'emprisonnement et l'amende.

II. — Définition et conséquences des peines afflictives et infamantes ou infamantes seulement.

277. Lorsque la condamnation à la peine de mort est prononcée contre un militaire en vertu des lois pénales ordinaires, elle entraîne de plein droit la dégradation militaire. (Art. 188 J. M.) La peine de mort prononcée en vertu du Code de Justice militaire n'entraîne la dégradation que lorsque ce Code le prescrit par une disposition spéciale.

278. Sur vingt-huit articles du Code militaire qui édictent la peine de mort, dix seulement prononcent cette peine avec dégradation.

279. Les travaux forcés, la déportation, la détention, la réclusion et le bannissement sont appliqués conformément aux dispositions du Code pénal, et emportent la dégradation militaire. (Art. 189 J. M.)

280. Les travaux forcés à temps ne peuvent être appliqués que pour cinq ans au moins et vingt ans au plus. (Art. 19. C. P.)

281. La peine des travaux forcés ne peut être prononcée contre aucun individu âgé de plus de soixante ans accomplis au moment du jugement ; elle est remplacée ainsi qu'il est dit sous le n° 220, par celle de la réclusion, soit à perpétuité, soit à temps, selon la durée de la peine qu'elle remplacera. (Art. 5 de la loi du 30 mai 1854.)

282. La déportation est une peine perpétuelle. (Art. 17 C. P.)

283. La détention, qui consiste à être enfermé dans l'une des forteresses du territoire de l'empire, sera de cinq ans au moins et de vingt ans au plus. (Art. 20 du C. P.)

284. La peine de la réclusion sera de cinq ans au moins et de dix ans au plus. (Art. 21 du C. P.)

285. Le bannissement consiste dans la transportation hors de l'empire pendant cinq ans au moins et dix ans au plus. (Art. 32 du C. P.)

286. Les condamnés aux travaux forcés à temps, à la détention et à la réclusion, sont soumis de plein droit, après qu'ils ont subi leur peine, et pendant toute la vie, à la surveillance de la haute police. (Art. 47 du C. P.)

287. Les condamnés au bannissement sont placés sous la surveillance pendant un temps égal à la durée de la peine qu'ils ont subie. (Art. 48 du C. P.)

288. Le Conseil de guerre ne saurait se dispenser de prononcer cette surveillance lorsqu'il y a lieu ; il en est de même pour la dégradation militaire.

289. La dégradation militaire entraîne : 1° la privation du grade et du droit d'en porter les insignes et l'uniforme; 2° l'incapacité absolue de servir dans l'armée, à quelque titre que ce soit, et les autres incapacités prononcées par les articles 28 et 34 du Code pénal ordinaire ; 3° la privation du droit de porter aucune décoration, et la déchéance de tout droit à pension et à récompense pour les services antérieurs. (Art. 190 J. M.)

III. — Peines correctionnelles.

290. La destitution entraîne la privation du grade ou du rang et du droit d'en porter les insignes. (Art. 192 J. M.)

291. La durée des travaux publics est de deux ans au moins et de dix ans au plus. Le condamné est employé à des travaux d'utilité publique. (Art. 193 J. M.)

292. La durée de l'emprisonnement est de six jours au moins et de cinq ans au plus. (Art. 194 J. M.)

293. L'exécution des condamnations à l'amende, aux restitutions et aux frais pourra être poursuivie par la voie de la contrainte par corps. (Art. 52 du C. P. — Voy. nº 246.)

IV. — L'amende peut être remplacée par l'emprisonnement.

294. Lorsque les lois pénales prononcent la peine de l'amende, les tribunaux militaires peuvent remplacer cette peine par un emprisonnement de six jours à six mois. (Art. 195 J. M.)

« L'amende, dit M. V. Foucher, dans son commentaire, peut donc être appliquée comme peine principale et comme peine accessoire, et, lorsqu'elle l'est à ce dernier titre, elle doit se cumuler avec la peine principale, au point que, quand le défaut de paiement donne lieu à la contrainte par corps, l'emprisonnement subi par suite de cette contrainte doit l'être *indépendamment* des autres peines prononcées.

» Le législateur a été conduit à édicter la disposition contenue en l'article 195, parce que la plupart des condamnés militaires ne pourraient payer l'amende et seraient alors enlevés à leur drapeau par voie de contrainte par corps, toutes les fois qu'après l'expiration de la peine principale les agents du domaine croiraient devoir exercer cette contrainte. Or, il est facile de comprendre combien, en certains cas, ces actes pourraient avoir d'effets fâcheux, non-seulement pour le service, mais même vis-à-vis des militaires qui y seraient soumis.

» Il résulte de ces principes que, toutes les fois que le juge militaire prononce la peine de l'amende, soit comme peine principale, soit comme peine accessoire, il doit faire de l'emprisonnement, appliqué en représentation de l'amende, une disposition spéciale motivée, et déclarer que cet emprisonnement sera subi cumulativement avec la peine principale et indépendamment de celle-ci, cette peine fût-elle l'emprisonnement porté à son maximum de durée.

» Il est donc essentiel, pour conserver à chacune des deux peines son véritable caractère et empêcher toute confusion, que les jugements spécifient par des dispositions distinctes le titre auquel chaque peine est prononcée, spécialement quand la peine principale est celle de l'emprisonnement. » (Voy. la formule sous le n° 417.)

V. — Comment sont exécutées les peines.

295. Les peines afflictives et infamantes, celle des travaux publics et généralement toutes les peines prononcées par les Conseils de guerre, sont exécutées à la diligence de l'autorité militaire (art. 196 J. M.) ; le président n'a donc pas à intervenir pour assurer leur exécution. Cependant, en ce qui concerne la peine de mort, une formalité doit être remplie par ce magistrat.

296. Aux termes de l'art. 5 de la loi du 12 mai 1793, toujours en vigueur, conformément aux instructions ministérielles du 28 juillet 1857, l'un des juges qui ont appliqué la peine, doit être présent à l'exécution. Comme rien dans la loi n'indique de quelle manière la désignation de ce juge doit être faite, il est évident qu'il appartient au président de prononcer à cet effet. Habituellement les juges sont successivement désignés d'après un ordre établi, en commençant par le grade le plus ou le moins élevé, et sans se préoccuper, bien entendu, des mutations qui auraient pu survenir dans la composition du Conseil depuis la dernière désignation (1).

(1) Aux termes de l'article 200 du C. de J. M., les peines prononcées par les tribunaux militaires commencent à courir, savoir :

Celles des travaux forcés, de la déportation, de la détention, de la réclusion et du bannissement, à partir du jour de la dégradation militaire ;

VI. — Recours en grâce ou en commutation de peine.

297. Les juges ont la faculté d'invoquer la clémence du souverain en faveur d'un condamné digne de pitié ou d'intérêt. Ce n'est point un droit qu'ils ont comme juges, mais une faculté dont ils peuvent user comme officiers ayant une connaissance exacte des faits, et pouvant apprécier s'il doit être tenu un compte des motifs ou des considérations qu'ils n'auraient pu, en qualité de magistrats, faire entrer dans le jugement de la cause. Ce recours ne doit avoir rien d'officiel. (Dépêche ministérielle du 8 septembre 1842.)

298. On ne saurait assigner un modèle de formule pour ces sortes de recours. Il suffit de dire que les membres du Conseil, aussitôt après la lecture publique du jugement, devraient se réunir dans la chambre des délibérations à l'effet de rédiger leur supplique à l'Empereur. Dans cette requête on relaterait la condamnation qui viendrait d'être prononcée ainsi que le crime qui l'aurait motivée. On indiquerait ensuite les circonstances sur lesquelles le recours est basé, et on terminerait en recommandant le condamné à la clémence impériale, soit pour une grâce complète, soit pour une commutation ou une réduction de peine. Ce document, qui doit être signé par tous les membres du Conseil, est transmis par le président au général de division, auquel l'article 150 du Code de Justice militaire accorde le droit de surseoir à l'exécution du jugement, jusqu'à ce qu'il ait été statué sur le pourvoi.

Celle des travaux publics, à partir du jour de la lecture du jugement devant les troupes.

Les autres peines comptent du jour où la condamnation est devenue irrévocable. Toutefois, si le condamné n'est pas détenu, la peine court du jour où il est écroué.

CHAPITRE IV.

Pouvoir discrétionnaire.

I. — Etendue du pouvoir et attributions du président.

299. L'article 125 du Code de Justice militaire, qui investit le président d'un pouvoir discrétionnaire pour la direction des débats et la découverte de la vérité, qui lui donne le pouvoir, soit d'appeler, même par mandat de comparution et d'amener, toute personne dont l'audition lui paraît nécessaire, soit de se faire apporter toute pièce qui lui paraîtrait utile à la manifestation de la vérité, est la reproduction des articles 268 et 269 du Code d'Instruction criminelle. De nombreux arrêts de cassation fixent la jurisprudence sur l'étendue des attributions du président.

300. Le pouvoir discrétionnaire du président ne commence qu'à l'audience. Il ne peut l'exercer avant l'ouverture des débats. (Arr. des 27 février 1834 et 23 février 1837.)

301. Le pouvoir donné au président par les articles 268 et 269 du Code d'Instruction criminelle, s'exerce sans contrôle ni partage; il n'a d'autres limites que l'honneur et la conscience de ce magistrat; le ministère public et l'accusé n'ont à cet égard aucun droit de réquisition, et dans les décisions qu'il prend, en vertu de ce pouvoir, le président n'a aucun compte à rendre à qui que ce soit. (Arr. du 16 janvier 1836.) *Voy. spécialement nos 324, 329.*

302. Le pouvoir discrétionnaire du président ne peut être délégué, ni communiqué au Conseil; mais le président peut toujours consulter les juges sans qu'il y ait nullité. (Arr. des 27 avril 1837 et 6 février 1840.)

303. Le pouvoir discrétionnaire du président n'est point arbitraire; il ne comprend que l'instruction qui se fait à l'audience, et la direction des débats. Il n'autorise point ce magistrat à faire ce qui est prohibé par la loi, ni à s'abstenir d'observer les formalités qu'elle prescrit. (Arrêts des 21 mai 1813 et 17 janvier 1824.)

304. Le pouvoir discrétionnaire du président ne s'étend qu'aux actes d'administration et d'instruction. C'est au Conseil de guerre seul qu'il appartient de se prononcer sur les objets contentieux. (Arr. des 17 avril 1824, 11 mars 1830, 14 avril 1837, etc.).

305. C'est encore le Conseil qui doit statuer sur la question de savoir si les débats peuvent être rouverts après leur clôture, quand l'accusé déclare au président qu'il s'oppose à leur réouverture. (Arr. du 30 août 1817.)

306. Le président a pu de sa propre autorité faire rouvrir les débats pour entendre un témoin qui demandait à se rectifier, l'accusé et le ministère public ayant déclaré ne pas s'y opposer. (Arr. 27 août 1852.)

II. — Accusés. — Ils sont interrogés dans l'ordre qui convient au président. — Incident.

307. Il n'est pas nécessaire, à peine de nullité, que le président détermine l'ordre dans lequel chacun des accusés sera soumis aux débats; ni même qu'il commence son interrogatoire par le principal accusé. (Arr. 31 déc. 1836) (1).

308. Le président peut décider seul s'il est utile, ou non, qu'il y ait des débats particuliers pour chacun des accusés, traduits ensemble devant le Conseil. (Arr. 26 juillet 1832.)

(1) Le président peut également ne procéder à l'interrogatoire d'un coaccusé qu'après l'audition du premier témoin à charge, bien que le défenseur eût demandé à faire adresser à ce coaccusé des questions qui, selon lui, n'auraient d'intérêt que si elles étaient posées avant l'audition du témoin. (Arr. 30 août 1866.)

309. Il faut, à peine de nullité, que chaque accusé soit instruit de tout ce qui s'est passé en son absence. (Arr. des 17 septembre 1829 et 12 août 1825.) — Voy. nº 46.

310. Lorsque l'accusé réclame, par des conclusions expresses, contre une ordonnance du président, le Conseil est nécessairement appelé à statuer sur l'incident. Son premier devoir est d'examiner si le point en litige excède les limites du pouvoir discrétionnaire ; et c'est seulement dans le cas de l'affirmative qu'il peut faire droit à la demande de l'accusé, car, dans le cas contraire, il usurperait un pouvoir qui est tout personnel au président. (Arr. du 14 février 1835.)

311. En effet, le président ne peut abdiquer expressément ni tacitement le pouvoir discrétionnaire dont il est investi.

312. Il y aurait nullité si, même de son consentement, le Conseil avait ordonné un acte rentrant dans les attributions de ce magistrat. (Arr. 24 décembre 1835 et 27 avril 1837.)

III. — Témoins.

313. Le président peut, en vertu de son pouvoir discrétionnaire, dans quelques circonstances, faire entendre des témoins qui ne peuvent être admis à déposer sous la foi du serment. (Arr. du 7 janvier 1837.)

314. Peu importerait même que ce fussent des parents compris dans les dispositions de l'article 322, et que le Conseil eût décidé que leur témoignage ne serait pas reçu. (Arr. des 29 mars, 3 mai, 30 août et 19 septembre 1832.)

315. Il peut faire entendre, sans prestation de serment, l'individu cité comme témoin qui se trouve frappé d'incapacité. (Arr. du 29 octobre 1818.)

316. Le président peut faire entendre, à titre de renseignement, les personnes qui ont assisté aux débats et entendu la déposition de tous les témoins. (Arr. du 18 février 1830.)

317. Le président peut faire assigner à l'avance les personnes qu'il veut faire entendre en vertu du pouvoir discrétionnaire. (Arrêt du 14 juillet 1853.)

318. Aucune loi ne détermine la manière dont le président fera comparaître à l'audience les personnes qu'il veut faire entendre en vertu du pouvoir discrétionnaire. (Arr. du 28 avril 1838.)

319. Lorsqu'on entend des témoins en vertu du pouvoir discrétionnaire, on agit régulièrement en les prévenant qu'ils ne sont entendus qu'à titre de renseignements, qu'en conséquence ils ne prêtent pas serment, mais qu'ils n'en doivent pas moins dire toute la vérité. (Arr. du 16 juillet 1835.)

320. Le président ne peut, en vertu du pouvoir discrétionnaire, faire entendre des témoins que dans le cours des débats. (Arr. du 27 février 1834.)

321. Il peut faire entendre des témoins jusqu'à la clôture des débats. (Arr. du 1er février 1839.)

322. Lorsqu'après les plaidoiries, le président fait entendre un témoin en vertu du pouvoir discrétionnaire, il faut, à peine de nullité, que l'accusé ou son conseil soient mis en demeure de s'expliquer sur cette nouvelle déclaration. (Arr. 9 avril 1835 et 14 octobre 1851.)

323. La prestation de serment d'un témoin entendu en vertu du pouvoir discrétionnaire, n'entraîne pas cassation, lorsqu'elle a lieu sans opposition de la part de l'accusé. (Arr. 2 mai 1840 et 3 décembre 1857).

324. Le président qui ne juge pas à propos de faire citer les témoins indiqués par la défense, n'est pas obligé de rendre une ordonnance pour faire connaître son refus à l'accusé. (Arr. 23 mars 1855.)

325. Lorsqu'un témoin dont le nom a été régulièrement notifié, déclare être parent de l'accusé à un degré prohibé, le président peut, sans l'intervention du Conseil, ordonner qu'il ne sera entendu qu'à titre de simple renseignement et

sans prestation de serment. (Arr. 12 janvier 1837 et 10 octobre 1839.)

326. Lorsqu'un témoin, régulièrement cité, est sorti de la chambre des témoins sans permission, il n'appartient qu'au Conseil de le dépouiller de son caractère ; le président excède ses pouvoirs en le faisant déposer sans prestation de serment. (Arr. 23 avril 1835.)

327. La circonstance que des témoins sont sortis sans la permission du président ne peut donner ouverture à cassation. (Arr. 23 avril 1835.)

328. L'opposition du ministère public à ce qu'un témoin soit entendu en vertu du pouvoir discrétionnaire, sur la demande de l'accusé, ne fait pas rentrer l'incident dans les attributions du Conseil ; c'est toujours au président seul à y statuer. (Arr. 17 août 1821.)

329. En s'abstenant d'user de son pouvoir discrétionnaire pour faire entendre un témoin dont l'audition est demandée, le président n'est pas tenu de motiver son abstention. (Arr. 16 janvier 1835.)

330. Aucune liste supplétive ou subsidiaire de témoins ne peut être notifiée après l'ouverture des débats, sauf au président à faire entendre, en vertu de son pouvoir discrétionnaire, les témoins indiqués. (Arr. 12 avril 1827.)

331. C'est au Conseil de guerre, et non au président, qu'il appartient de statuer sur l'opposition, et de décider si un témoin sera entendu sans prestation préalable de serment. (Arr. 9 décembre 1830.)

332. L'opposition serait tardive d'ailleurs, et, par conséquent, non recevable, après la prestation de serment du témoin contre lequel elle est dirigée. (Arr. 2 avril 1831.)

IV. — Témoins suspects de faux témoignage.

333. Le président ne peut autoriser un témoin à conférer secrètement avec le défenseur de l'accusé avant de compléter et de signer sa déposition, qui était suspecte de faux témoignage. (Arr. 29 janvier 1841.)

334. Le président peut adopter ou rejeter les réquisitions du ministère public ou de l'accusé, tendant à l'arrestation d'un témoin dont la déposition paraît fausse. (Arr. 2 mars 1817.)

V. — Lecture et remise de pièces à l'audience.

335. Il y aurait excès de pouvoir de la part du président, s'il se permettait de donner lecture de la déposition écrite d'un témoin en sa présence et avant la déposition orale. (Arr. 26 octobre 1820.)

336. Il peut ordonner la lecture soit de la déclaration écrite des enfants, dans la poursuite exercée contre leur père (Arr. 23 décembre 1826 et 24 juillet 1841) ; — soit de la déposition du père dans la poursuite exercée contre ses enfants (Arr. 10 avril 1828) ; — soit de la déposition de la femme de l'un des accusés (Arr. 23 juin 1832) ; — soit de la déclaration du frère de l'accusé (Arr. 22 juin 1820), surtout si cette lecture a été requise par le défenseur de l'accusé, et si le ministère public ne s'y est pas opposé. (Arr. 10 septembre 1835.)

337. Le président peut même autoriser une lecture de pièces qui n'ont pas encore fait partie de la procédure, pourvu que l'accusé ait la faculté de s'expliquer sur leur contenu.

338. L'autorisation donnée par le président à un témoin de lire, pendant le cours de sa déposition, une lettre qui lui a été adressée, doit être considérée comme émanée de l'exercice légal du pouvoir discrétionnaire, bien que le procès-verbal ne le mentionne point, et que cette autorisation ne soit constatée que par l'arrêt qui a donné acte aux accusés de faits formant l'objet de conclusions de leur part. (Arr. 22 janvier 1841.)

339. Le président peut ordonner la lecture d'une lettre de l'accusé produite par un témoin, et sa jonction à la procédure. (Arr. 24 juin 1853.)

340. Le président agit régulièrement, si, après avoir fait lire une pièce nouvelle à titre de simple renseignement, il ordonne qu'elle sera jointe au dossier et communiquée à l'accusé. (Arr. 27 août 1852.)

341. Le président peut, en matière de faux, se faire remettre par un témoin un billet attribué à l'accusé, mais que celui-ci dénie; et le Conseil ordonner que ce billet restera joint au procès comme simple renseignement. (Arr. 2 avril 1831.)

342. Le président peut, sans violer le principe du débat oral, donner lecture d'un arrêt précédemment rendu contre l'accusé et même communiquer cet arrêt. (Arr. 7 janvier 1836.)

343. Il n'y aurait pas non plus, de la part du président, abus de son pouvoir discrétionnaire, s'il avait déclaré qu'une lettre adressée au ministère public, et dont celui-ci aurait donné lecture sans en nommer l'auteur, émanait d'un homme d'honneur, et qu'au surplus le fait sur lequel portait cette lettre était établi par des documents irrécusables existant au dossier. (Arr. 20 juin 1833.)

344. Jugé que le ministère public n'a pas besoin de l'autorisation pour produire tous les documents qui lui paraissent utiles, sauf le droit au défenseur de combattre les documents produits. (Arr. 18 janvier 1855.)—Le ministère public peut donner lecture d'un procès-verbal de gendarmerie ne faisant pas partie du dossier, sauf à l'accusé à en demander communication. (Arr. 5 mars 1852.)

345. Le président qui fait lire des dépositions ou entendre des témoins, n'est pas obligé d'avertir que c'est à titre de simples renseignements; cela résulte assez de cette circonstance que les dépositions dont il s'agit ne sont pas faites sous la religion du serment. (Arr. 16 janvier 1836.)

VI. — Plans. — Descente de lieux.

346. Le président peut, en vertu du pouvoir discrétionnaire, ordonner la confection d'un plan. (Arr. 28 février 1857.)

347. Le président peut soumettre au Conseil le plan qu'il a dressé lui-même pour s'aider dans la direction des débats (dans l'espèce, l'exactitude du plan avait été reconnue par l'accusé). — (Arr. 26 juin 1818.)

348. Un plan des lieux dressé par l'officier du ministère public peut, en vertu du pouvoir discrétionnaire, être mis sous les yeux des juges (dans l'espèce, l'accusé et son conseil avaient pris connaissance du plan et avaient déclaré ne pas s'opposer à la communication). — (Arr. 22 juillet 1842.)

349. Le président peut, en vertu de son pouvoir discrétionnaire, ordonner une descente de lieux, pourvu que le transport s'effectue avec toutes les conditions requises pour la constitution de la Cour d'assises et pour l'observation des principes de la publicité. (Arr. 23 mars 1843.)

350. L'arrêt d'une Cour qui, en statuant sur les conclusions d'un accusé, déclare qu'il n'y a lieu à ordonner une descente sur les lieux, doit être motivé aux termes de l'art. 7 de la loi du 20 avril 1810. (Arr. 15 janvier 1829.)

351. Une Cour d'assises, en se transportant avec les jurés, l'accusé et son défenseur, dans une cour attenant au Palais et en y procédant publiquement à des opérations jugées nécessaires à la manifestation de la vérité, et en revenant ensuite dans le lieu de ses séances, ne viole aucune loi. (Arr. 22 mai 1834.)

352. Mais il y aurait violation du droit de la défense si les jurés, même avec l'autorisation du président et entourés de la garde pour empêcher toute communication, s'étaient transportés seuls hors de l'audience pour se livrer à des vérifications que l'accusé n'aurait pas été mis en situation de combattre. (Arr. 25 septembre 1828.)

Les dispositions insérées sous les nos 349, 350, 351 et 352 qui précèdent sont, par analogie, applicables aux Conseils de guerre.

VII. — Experts. — Expertise.

353. L'expert appelé en vertu du pouvoir discrétionnaire du président n'est pas tenu de prêter serment. (Arr. 4 février 1819 et 7 avril 1837.)

354. Mais si l'expert ou le témoin ainsi appelé, a prêté serment, sans que l'accusé se soit opposé à l'audition en cette forme, il n'y a pas nullité. (Arr. 5 avril 1832 et 2 mai 1840.)

355. Réciproquement, le témoin dont le nom n'a pas été régulièrement notifié à l'accusé, peut n'être entendu qu'à titre de renseignement, en vertu du pouvoir discrétionnaire du président, bien que l'accusé ne se soit pas opposé à son audition en la forme ordinaire, si le ministère public avait renoncé à cette audition. En l'absence de toute contestation, le président seul a qualité pour écarter le témoin des débats. (Arr. 21 août 1835 et 10 août 1838.)

356. Le président peut, en vertu de son pouvoir discrétionnaire, ordonner une expertise. (Arr. 1er février 1839.)

357. Bien plus, il ne saurait résulter une nullité de ce que la même personne aurait été tout à la fois témoin et expert dans la même affaire. (Arr. 13 août 1835.)

L'extrait qui précède des nombreux arrêts de cassation, et dont les principes sont applicables devant les tribunaux militaires, suffira pour faire apprécier l'étendue du pouvoir discrétionnaire du président d'un Conseil de guerre.

CHAPITRE V.

Défenseur. — Des droits de la défense.

358. En principe, la liberté de la défense est absolue, sous les restrictions que nous allons indiquer.

359. Il entre dans le pouvoir discrétionnaire du président de défendre au conseil de l'accusé de continuer à invectiver ou injurier un témoin. Le président accomplit un devoir en interrompant le défenseur qui se livre à des allégations diffamatoires contre un témoin à charge, sans utilité pour la défense. (Arr. des 6 mars 1812 et 28 déc. 1837.)

Il appartient à la Cour d'assises et par conséquent à un Conseil de guerre de prononcer les peines de la loi contre les excès d'une défense injurieuse ou diffamatoire qui n'aurait pas été justifiée par la nécessité de combattre les charges résultant des dépositions des témoins. (Arr. 11 août 1820) (1).

(1) Les termes de la loi sont formels à ce sujet.

Ordonnance du 20 novembre 1822, contenant règlement sur l'exercice de la profession d'avocat et de la discipline du barreau :

Art. 43. « Toute attaque qu'un avocat se permettrait de diriger, dans ses plaidoiries ou dans ses écrits, contre la religion, les principes de la monarchie, la Charte, les lois du royaume ou les autorités établies, sera réprimée immédiatement, sur les conclusions du ministère public, *par le tribunal saisi de l'affaire*, lequel prononcera l'une des peines prescrites par l'article 18, sans préjudice des poursuites extraordinaires, s'il y a lieu.

Art. 18. « Les peines de discipline sont : L'avertissement, — La réprimande, — L'interdiction temporaire, — La radiation du tableau. — L'interdiction temporaire ne peut excéder le terme d'une année. »

Les art. 15, 16 et 17 de la même ordonnance portent ce qui suit :

« Art. 15. Les Conseils de discipline répriment d'office, ou sur les plaintes qui leur sont adressées, les infractions et les fautes commises par les avocats inscrits au tableau.

Ces expressions : « Ce que le témoin vient de dire est une

« Art. 16. Il n'est point dérogé, par les dispositions qui précèdent, au droit qu'ont les tribunaux de réprimer les fautes commises à leur audience par les avocats.

« Art. 17. L'exercice du droit de discipline ne met point obstacle aux poursuites que le ministère public ou les parties civiles se croiraient fondés à intenter dans les tribunaux, pour la répression des actes qui constitueraient des délits ou des crimes. »

Les droits et les devoirs de l'avocat dans l'exercice de ses fonctions étaient définis par le décret du 14 décembre 1810, qui, aujourd'hui, n'est plus en vigueur. Toutefois, l'article 45 de l'ordonnance du 20 novembre 1822, qui abroge ce décret, déclare que « les usages observés dans le barreau, relativement aux droits et aux devoirs des avocats, dans l'exercice de leur profession, sont maintenus. » En présence de cette disposition, et bien que les prescriptions rigoureuses du décret du 14 décembre n'existent plus, je crois utile de rapporter ici le texte de l'article 37, qui est ainsi conçu :

Art. 37. « Les avocats exeroeront librement leur ministère pour la défense de la justice et de la vérité; nous voulons en même temps qu'ils s'abstiennent de toute supposition dans les faits, de toute surprise dans les citations et autres mauvaises voies, même de tous discours inutiles et superflus. — Leur défendons de se livrer à des injures et personnalités offensantes envers les parties ou leurs défenseurs, d'avancer aucun fait grave contre l'honneur et la réputation des parties, à moins que la nécessité de la cause ne l'exige, et qu'ils n'en aient charge expresse et par écrit de leurs clients ou des avoués de leurs clients; le tout à peine d'être poursuivis, ainsi qu'il est dit dans l'article 371 du Code pénal. »

Cet article 371 dont il est question ci-dessus a été abrogé par la loi du 17 mai 1819, modifiée par celle du 25 mars 1822.

L'article 23, toujours en vigueur, de la loi du 17 mai 1819, sur la répression des crimes et délits commis par la voie de la presse, &c., contient les dispositions suivantes :

Art. 23. « Ne donneront lieu à aucune action en diffamation ou injure, les discours prononcés ou les écrits produits devant les tribunaux : pourront, néanmoins, les juges saisis de la cause, en statuant sur le fond, prononcer la suppression des écrits injurieux ou diffamatoires, et condamner qui il appartiendra en des dommages-intérêts. — Les juges pourront aussi, dans le même cas, faire des injonctions aux avocats et officiers ministériels, ou même les suspendre de leurs fonctions. — La durée de cette suspension ne pourra excéder six mois; en cas de récidive, elle sera d'un an au moins et de cinq ans au plus. Pourront, toutefois, les faits diffamatoires étrangers à la cause, donner ouverture, soit à l'action publique, soit à l'action civile des parties, lorsqu'elle leur aura été réservée par les tribunaux, et, dans tous les cas, à l'action civile des tiers. »

invention et une fausseté, » ne dépassent pas les bornes de la défense. (Arr. 5 mars 1858.)

360. La durée des plaidoiries est de sa nature abandonnée au pouvoir discrétionnaire du président, mais toujours sans nuire au droit sacré de la défense. (Arr. 30 avril 1807.)

361. Si la faculté d'adresser des questions aux témoins a été restreinte au point que le droit de la défense ne fût plus entier, il y a abus du pouvoir discrétionnaire et lieu à cassation. (Arr. 18 septembre 1824.)

362. L'avertissement que le président doit donner au défenseur de ne rien dire contre sa conscience n'est pas prescrit à peine de nullité. (Arr. 14 septembre 1837.)

363. Le principe adopté par les arrêts de la Cour de cassation des 26 décembre 1823 et 25 mars 1836 en ce qui concerne l'interdiction faite au défenseur de l'accusé de mettre sous les yeux des jurés le texte de la loi pénale, de leur expliquer l'influence des faits sur l'étendue de la peine et les modifications qu'elle peut subir selon les circonstances, n'est point applicable devant les Conseils de guerre.

364. En effet, les juges militaires étant tout à la fois les juges du fait et du droit, on ne saurait interdire au défenseur de s'occuper de la question pénale dans sa plaidoirie et ses observations. (Voyez V. Foucher, n° 810, pag. 385.)

365. La violation du droit naturel de la défense emporte nullité, bien que la loi ne l'ait pas prononcé formellement. (Arr. 7 août 1822.) Il en est de même de la violation des formes prescrites dans l'intérêt de la défense. (Arr. 17 janvier 1823.)

366. Lorsqu'il y a des réquisitions du ministère public (tendant dans l'espèce à l'arrestation d'un témoin), il est loisible à l'accusé et à son défenseur de prendre la parole sur cet incident; mais l'article 335 du Code d'Instruction criminelle n'oblige pas le président à adresser aux accusés une interpellation à cet égard. Il suffit qu'aucun obstacle n'ait été apporté au droit de la défense. (Arr. 22 janvier 1841.)

367. Le défenseur a le droit de porter la parole à l'audience dans toutes les questions qui intéressent l'accusé ; refuser d'entendre le défenseur dans un incident, après que le ministère public a été entendu, c'est priver le défenseur et par suite l'accusé d'un droit accordé par la loi, et c'est violer en même temps l'article 335 du Code d'Instruction criminelle, qui porte que l'accusé ou son conseil auront toujours la parole les derniers. (Arr. 28 janvier 1830.)

368. Il y a présomption de violation du droit de défense, lorsque l'accomplissement des formalités prescrites par l'article 335 n'est pas constaté. (Arr. 15 juillet 1835.)

369. L'article 130 du Code de justice militaire reproduit les formalités prescrites par l'article 335 qui vient d'être cité. Il est ainsi conçu :

« Le président procède à l'interrogatoire de l'accusé et reçoit les dépositions des témoins.

» Le commissaire impérial est entendu dans ses réquisitions et développe les moyens qui appuient l'accusation.

» L'accusé et son défenseur sont entendus dans leur défense.

» Le commissaire impérial réplique, s'il le juge convenable ; mais l'accusé et son défenseur ont toujours la parole les derniers.

» Le président demande à l'accusé s'il n'a rien à ajouter à sa défense, et déclare ensuite que les débats sont terminés.

370. L'absence du défenseur aux débats ne peut opérer nullité qu'autant que cette absence proviendrait du fait du ministère public, du président, ou du tribunal même ; hors de là, il suffit qu'un défenseur ait été choisi par l'accusé ou désigné d'office à défaut de choix. (Arr. 18 juin 1830.)

371. Lorsqu'un accusé a été pourvu d'un défenseur et qu'un autre défenseur l'assiste pendant le cours des débats, cette substitution est présumée l'effet du choix de l'accusé; il n'est pas nécessaire d'en faire connaître le motif. (Arr. 17 octobre 1836.)

372. Il a été jugé que la lecture d'une consultation de médecins dont l'objet était d'établir que l'accusé n'était pas coupable du crime qu'on lui imputait, était une partie essentielle de la défense, et qu'on ne pouvait dès-lors, sans nullité, l'assimiler à une déposition écrite, et en interdire la lecture. (Arr. 11 août 1808.)

373. On a jugé, au contraire, qu'une pareille lecture pouvait être interdite, pourvu cependant qu'on réservât au défenseur le droit de faire valoir dans les débats tous les moyens de fait et de droit. (Arr. 15 mars 1822.)

374. Il a été jugé encore que le président peut, sans porter atteinte au droit de la défense, interdire la lecture des décisions rendues par d'autres cours ou tribunaux, dans des circonstances analogues (Arr. 28 août 1829); cependant, ainsi qu'il est dit sous le nº 364, les juges militaires étant à la fois juges du fait et du droit, j'inclinerais à penser que cette décision est devant eux inexplicable.

375. Les magistrats peuvent également, sans porter aucune atteinte au droit de la défense, interdire à un accusé de se défendre en vers, en lui laissant d'ailleurs la faculté de se défendre dans le langage ordinaire. (Arr. 13 juin 1834.)

376. Il n'est pas non plus porté préjudice à la liberté de la défense d'un accusé, lorsque le ministère public a fait usage dans les débats d'une déclaration faite dans une affaire autre que celle dont le Conseil est saisi, si l'accusé a pu prendre communication de cette déclaration, et s'il a eu toute liberté pour combattre les conséquences qu'en pouvait tirer le ministère public. (Arr. 7 février 1833.)

377. Il en est de même lorsque le président a limité la

durée de la réplique du défenseur de l'accusé, si, par le fait, ce dernier a pu discuter sans que la parole lui fût ôtée. (Arr. 3 décembre 1836.)

378. Lorsque, postérieurement à la plaidoirie du défenseur, le président a fait entendre un témoin en vertu de son pouvoir discrétionnaire, il y a violation du droit de défense, et par suite ouverture à cassation, si l'accusé ou son conseil n'ont pas été mis en demeure de s'expliquer sur la déclaration de ce témoin. (Arr. 9 avril 1835.)

379. Si le défenseur manquait au respect dû aux lois, s'il s'écartait de la décence ou de la modération, le président devrait l'y rappeler. (Arr. 22 septembre 1826, 28 août 1829, 12 janvier 1833, 26 septembre 1846. — Art. 121 du C. de J. M.) — Le président pourrait même lui retirer la parole s'il en abusait davantage.

380. Enfin, si, malgré ses avis, le défenseur persistait, il appartiendrait au Conseil de statuer souverainement sur l'incident. (Arr. du 12 décembre 1845 : « Attendu que l'appréciation des faits et des pièces qui se rattachent au procès, ou qui y sont étrangers, appartient à la Cour d'assises, qui seule peut apprécier souverainement en connaissance de cause les limites dans lesquelles la défense doit se renfermer ; que, par conséquent, en interdisant au défenseur du prévenu de continuer de produire au procès des pièces ou articles de renvoi, ladite Cour d'assises n'a fait qu'user du droit d'appréciation qui lui appartenait, et n'a pas violé les droits de la défense. »)

381. Lorsque le président se voit dans la nécessité de retirer la parole au défenseur, il doit, bien que la loi ne l'y oblige pas, inviter l'accusé à en choisir un autre, et même, à son défaut, lui en désigner un d'office. (*Teulet*, Code d'Instruction criminelle.)

382. Il appartient au président d'apprécier l'ordre dans lequel il doit être procédé aux plaidoyers. (Arr. 4 septembre 1841.)

383. Le président a le droit, en vertu de son pouvoir discrétionnaire, de faire resserrer les plaidoiries de l'avocat dans de justes bornes et dans ce qui est nécessaire pour la légitime défense de l'accusé, mais il ne peut gêner les défenseurs dans la discussion de leurs moyens. (*Bourguignon,* Traité de jurisprudence.)

384. Il ne peut pas non plus gêner la défense jusqu'à la renfermer dans les faits résultant de l'acte d'accusation. C'est seulement lorsqu'elle porte sur des faits étrangers à l'accusation, c'est-à-dire qui ne peuvent avoir d'influence sur l'accusation, soit pour faire disparaître la culpabilité, soit simplement pour en modifier la gravité, que le président doit rejeter ce qui tend à prolonger inutilement les débats. *(Carnot).*

384. *bis.* L'ivresse, même considérée comme cause occasionnelle de l'état d'aberration où s'est trouvé l'accusé au moment de la perpétration de son crime ne saurait constituer un motif d'excuse légale. Dès-lors il n'y a pas atteinte portée à la liberté de la défense, lorsque le tribunal interdit au défenseur de l'accusé de plaider une semblable excuse. (Arr. du 17 juin 1843.)

385. Aucune disposition légale n'oblige les avocats appelés à plaider devant les Conseils de guerre à être revêtus des insignes de leur profession ; cependant les convenances leur en font un devoir, et, le 16 mars 1858, le Conseil de l'ordre des avocats de la Cour impériale de Paris a pris un arrêté dans ce sens.

CHAPITRE VI.

Moyens d'incompétence.—Exceptions et incidents divers.

386. Dans le chapitre Ier, consacré aux *débats*, j'ai déjà expliqué comment il devait être statué sur divers incidents qui peuvent se produire pendant la séance, et notamment en ce qui concerne le *huis-clos* (n°s 21, 22, 23); le *trouble* et le *tumulte* causés par des assistants, des témoins ou l'accusé (n°s 26 et suivants; 50 jusqu'à 58; 103); *l'arrestation de faux témoins*, ou la *condamnation de témoins qui n'auraient pas comparu, ou qui refuseraient de prêter serment et de faire leur déposition* (n°s 122, 136 et suivants). D'autres incidents peuvent surgir, et il est nécessaire de leur consacrer un chapitre spécial; les modèles contenus au chapitre VII indiqueront d'ailleurs de quelle manière les décisions du Conseil pourront être rendues.

I. — Crimes ou délits commis à l'audience.

387. S'il se commet un crime ou un délit dans la salle des séances, autre que ceux envers les membres du Conseil de guerre, ou qui ont eu pour objet de mettre obstacle au cours de la justice, il est procédé à l'égard du délinquant de la manière suivante :

S'il est militaire, il est jugé séance tenante (Voir le modèle de jugement sous le n° 433);

S'il n'est pas militaire, il est envoyé devant le procureur

impérial du lieu où siége le Conseil de guerre ou du chef-lieu de la division; à cet effet, le président dresse un procès-verbal des faits, et entend, s'il y a lieu, les témoins, en se conformant au modèle indiqué sous le n° 435. Ce procès-verbal est également envoyé au même procureur impérial. (Art. 116 du C. de J. M.)

388. Aux termes de l'article 158 du Code de Justice militaire, les Conseils de Guerre aux armées, dans les divisions territoriales en état de guerre, dans les communes, les départements et les places de guerre en état de siége, statuent, séance tenante, sur tous les crimes et délits commis à l'audience, alors même que le coupable ne serait pas leur justiciable.

II. — Exceptions. — Moyens d'incompétence. — Incidents contentieux.

389. M. de Chénier, ancien chef de bureau de la Justice militaire, aujourd'hui avocat consultant au Ministère de la Guerre, a donné dans son *Guide des Tribunaux*, une excellente définition des exceptions. Elles sont de trois sortes :

1° Les *déclinatoires*, qui ont pour but de décliner la juridiction du tribunal, comme n'étant pas compétent ;

2° Les *péremptoires*, ou qui détruisent l'action principale, qui déterminent le renvoi de l'accusé des fins de la plainte, comme, par exemple, la prescription;

3° Les exceptions *dilatoires*, ou qui ont pour objet de demander un délai, de faire reculer l'époque d'un jugement, comme dans le jugement de plus *ample informé* ou *avant faire droit* (voy. ce jugement sous le n° 421), lequel a pour but de faire constater un fait essentiel encore incertain ou nouvellement découvert, de faire entendre par le rapporteur des témoins dont les débats ont prouvé la déposition indispensable, etc., etc.

390. Il en est de même des questions préjudicielles qu'il ne faut pas comprendre dans les exceptions ordinaires. Ce ne sont pas de simples moyens employés pour arrêter l'action principale ou en différer l'effet, mais de véritables questions de fait ou de droit de la solution préalable desquelles dépend le fond du procès. Ainsi, un prévenu de désertion qui prétend n'être pas militaire, élève une question préjudicielle, dont la solution affirmative détruit tout délit de désertion.

391. Si l'accusé a des moyens d'incompétence, il ne peut les faire valoir qu'avant l'audition des témoins, afin de ne pas lui permettre d'agir selon le résultat de cette audition. Cette exception est jugée sur-le-champ. Il en est de même de toute exception ou de tout incident soulevé pendant les débats.

392. S'il y a rejet, il est passé outre, sauf à l'accusé à se pourvoir sur l'incident en même temps que sur le fond. (Art. 123 du C. de J. M.)

393. Mais si l'accusé n'a pas proposé ses moyens d'incompétence devant le Conseil de guerre, ou s'il est déclaré non-recevable par le tribunal pour n'avoir pas agi en temps utile, il pourra évidemment en faire l'objet de son recours en révision, et même d'un pourvoi en cassation, s'il y a lieu, de même qu'il le ferait si sa demande, formée avant l'audition des témoins, était rejetée par le Conseil.

394. Le n° 2 de l'art. 74 du Code militaire classe, en effet, l'incompétence du Conseil comme une des causes entraînant la cassation du jugement du Conseil de guerre.

395. Dans l'espèce, l'accusé, soit par lui, soit par son défenseur, ayant à faire valoir ses moyens d'incompétence ou toute autre exception, et des conclusions ayant été déposées sur le bureau du Conseil, le président donne la parole au ministère public; puis, après l'avoir entendu dans ses réquisitions, le Conseil se retire pour délibérer dans la forme ordinaire.

396. Le Conseil, avant de statuer sur un incident contentieux, doit entendre le ministère public et l'accusé. Il ne peut être statué sur un point contentieux, qui a donné lieu à des conclusions prises par l'accusé ou par le ministère public, sans que l'autre partie soit entendue ou interpellée de s'expliquer. La nullité résultant de l'inobservation de cette règle est substantielle. (Arr. 11 janvier 1839.) Dans l'espèce, c'est le ministère public qui n'avait point été entendu.

397. Les jugements incidents doivent, à peine de nullité, être motivés. (Arr. 3 février 1821 et 10 avril 1841.)

398. Les jugements incidents, lorsqu'ils ont été rendus publiquement, sont suffisamment constatés par leur insertion au procès-verbal de la séance, lequel procès-verbal est signé par le président et le greffier. Aucune disposition de la loi n'oblige, sous peine de nullité, d'en dresser un acte séparé. (Arr. 29 décembre 1854, 11 avril et 13 novembre 1856.)

399. Lorsque l'accusé prend des conclusions pour qu'il lui soit donné acte d'un fait, c'est au Conseil à statuer, après avoir entendu le ministère public. (Arr. 12 avril 1855, 22 janvier 1857.)

400. Le Conseil, en refusant de donner acte de certains faits, ne peut mieux motiver son jugement que par la déclaration que ces faits n'existent pas. (Arr. 3 janvier 1851.)

401. Le président ne doit pas perdre de vue que toute décision judiciaire doit être motivée ; il n'y a d'exception que dans les cas spécialement prévus par la loi. (Voy. les formules de jugements sous les nos 420, 421 et 422.)

III. — De la prescription.

402. Si le Conseil de guerre est saisi de la connaissance d'une affaire qui mette l'accusé à l'abri de toute peine, à raison de la prescription, il doit le faire profiter du bénéfice de la loi, quand même il aurait négligé ce moyen ou que le commissaire impérial aurait omis de requérir son renvoi des fins de la plainte. Le Conseil a tout pouvoir pour l'appliquer d'office, en vertu des articles 184 du C. de J. M., 635 et suivants du C. d'Instruction criminelle. (Voy. le modèle de jugement sous le n° 424.)

403. La prescription de l'action publique résultant de l'insoumission ou de la désertion ne commence à courir que du jour ou l'insoumis ou le déserteur a atteint l'âge de 47 ans. (Art. 184 du C. de J. M.) Or, comme aux termes des instructions ministérielles, aucun jugement par défaut ne peut être rendu contre ces derniers jusqu'à l'âge de quarante-sept ans, il s'en suit que la prescription sera acquise à l'âge de cinquante ans, s'il n'a été fait aucun acte d'instruction ou de poursuite depuis le jour où ils auront accompli leur quarante-septième année.

404. S'il y a eu jugement par contumace, les peines en matière criminelle se prescrivent par vingt années révolues, à compter de la date des arrêts ou jugements. (Art. 635 du C. d'Instr. criminelle.)

405. S'il n'a été fait aucun acte de poursuite, l'action publique se prescrit après dix ans, à dater du jour où le crime a été commis.

406. Enfin, s'il y a eu commencement de poursuite, non suivie de jugement, l'action publique se prescrit par dix années, à partir du dernier acte d'instruction ou de poursuite. (Art. 637 C. Instr. criminelle.)

407. En matière correctionnelle et s'il y a eu jugement par défaut, les peines se prescrivent par cinq ans révolus, à compter du jour où le jugement est réputé contradictoire et où il ne peut plus être attaqué par le recours en révision. (Art. 636 du C. d'Instr. criminelle et 179 du C. de J. M.)

408. S'il n'a été fait aucun acte de poursuite ou d'instruction, l'action publique se prescrit par trois ans, à dater du jour du délit. (Art. 638 du C. d'Instr. criminelle.)

409. S'il y a eu commencement de poursuites, non suivies de jugement, l'action publique se prescrit par trois années, à dater du dernier acte d'instruction ou de poursuite. (Art. 638 du C. d'Instr. criminelle.)

410. C'est au début de l'audience et avant l'audition des témoins que la prescription doit être invoquée par l'accusé ou être appliquée d'office par le Conseil de Guerre. Mais il y a un cas cependant où cette marche souffre une exception : c'est lorsque l'individu a été condamné par contumace à une peine afflictive et infamante pour un fait qualifié crime, et que ce fait ne constitue en réalité qu'un délit puni de peines correctionnelles.

411. Dans l'espèce, c'est après avoir prononcé sur la culpabilité, que le Conseil de Guerre fait application au prévenu du bénéfice de la prescription, aux termes de l'article 636 du Code d'Instruction criminelle; car l'erreur des juges n'a pu aggraver le sort du condamné. En un tel cas, la prescription de la peine correctionnelle et même la prescription de l'action publique peuvent courir, nonobstant l'existence du jugement de contumace. (Voy. *Jugements sur opposition*, nos 429, 429 *bis*, 429 *ter*.)

IV. — Compte-rendu par les journaux.

412. Le Conseil peut, par le même jugement, interdire le compte-rendu de l'affaire, mais cette interdiction ne s'applique pas au jugement sur le fond. (Art. 113 du C. de J. M.)

CHAPITRE VII.

Modèles d'actes judiciaires.

---

413. Mandat de comparution.

2e Conseil de Guerre de la 2e Division militaire.

Nous (nom, prénoms et grade), président du 2e Conseil de Guerre permanent de la 2e Division militaire, séant au château de Caen,

MANDONS ET ORDONNONS à tous agents de la force publique, sur ce requis, de citer à comparaître, à l'audience dudit Conseil de Guerre, aujourd'hui, à..... heure (ou le... à...) pour y être entendu comme témoin dans l'affaire du nommé N....., accusé de... (ou : pour se voir juger relativement au délit de..... dont il est prévenu), et de lui déclarer que, s'il ne comparaît pas aux jour, lieu et heure indiqués, il sera décerné contre lui un mandat d'amener.

Fait à Caen, le

Le Président,

SIGNIFICATION. — L'an mil huit cent..... le....., à la requête de M. le président du 2e Conseil de Guerre permanent de la 2e Division militaire,

Nous ...., gendarme à la résidence de....., soussigné, avons signifié audit N....., qualifié ci-dessus, parlant à..... de se présenter devant ledit Conseil de Guerre, le..... à..... heure, et afin qu'il n'en ignore, lui avons laissé copie du présent mandat.

Dont acte, à..... le.....

---

414. **Mandat d'amener.**

2e Conseil de Guerre de la 2e Division militaire.

Nous....., président du 2e Conseil de Guerre, etc.

MANDONS ET ORDONNONS à tous agents de la force publique d'amener et conduire devant nous, en se conformant à la loi, le nommé Noël (Charles), caporal à la 4e compagnie du 2e bataillon du 33e de ligne, inculpé de complicité dans le délit d'escroquerie imputé au nommé N..... (Ou, s'il s'agit d'un témoin : pour donner son témoignage dans l'affaire du nommé.....)

Vu l'article 99 du Code d'Instruction criminelle, requérons tous dépositaires de la force publique de prêter main-forte, en cas de nécessité, pour l'exécution du présent mandat.

Fait à Caen, le...

Le Président,

---

415. **Mandat d'arrêt ou de dépôt.**

2e Conseil de Guerre, &c.

Nous, etc.

Vu les pièces du procès et les conclusions de M. le commissaire impérial;

Vu les art. 91 et 94 du Code d'Instruction criminelle ;

MANDONS ET ORDONNONS à tous huissiers ou agents de la force publique, sur ce requis, d'arrêter et conduire à la prison militaire du château de Caen (ou : à la maison d'arrêt de Caen, s'il s'agit d'un individu non militaire), en se conformant à la loi, le nommé... (nom, prénoms, grade, profession et domicile) accusé de... crime prévu par l'article...

Enjoignons à l'agent principal de la dite prison (ou au gardien chef de la maison d'arrêt) de le recevoir et retenir en état de mandat d'arrêt, jusqu'à ce qu'il en soit autrement ordonné.

Requérons tous dépositaires de la force publique auxquels le présent mandat est exhibé, de prêter main-forte pour son exécution en cas de besoin.

Fait à Caen, le...

Le Président,

Nota. Ces différents mandats doivent être notifiés aux intéressés, et copie leur en est laissée, lors même que les prévenus seraient déjà détenus.

---

416. — Ordonnance pour nommer un expert, un médecin ou un ouvrier quelconque.

2e Conseil de Guerre, &c.

Nous, etc.

Requérons N..... de se rendre immédiatement à la salle d'audience du 2e Conseil de Guerre au château, pour donner son avis sur tel ou tel sujet, ou pour procéder à telles opérations. (Si l'ordonnance concerne un ouvrier, on ajoutera qu'il devra se rendre avec les outils nécessaires pour effectuer tel travail.)

Fait à Caen, le...

Le Président,

417. — Jugement de condamnation.

Nota. — Dans la présente formule, j'ai supposé le cas où trois individus seraient jugés, l'un comme auteur principal, les deux autres comme complices, et j'ai fait intervenir pour chacun d'eux une décision différente du Conseil. Il sera donc plus facile de se rendre compte non-seulement de la manière dont les questions doivent être posées et résolues, mais encore des termes dans lesquels le jugement de condamnation doit être rendu. Les deux colonnes *Oui* et *Non*, qui figurent dans cette formule, servent à recueillir les votes des membres du Conseil sur les questions qui leur sont soumises.

JUGEMENT.

NAPOLÉON, par la grâce de Dieu et la volonté nationale, Empereur des Français, à tous, présents et à venir, salut.

Cejourd'hui, 22 décembre 1865, le 2e Conseil de Guerre permanent de la 2e Division militaire, réuni à l'effet de juger les nommés : 1° Adam, Jean ; 2° Noel, Jacques, et 3° Julien, Félix, fusiliers au 33e régiment d'infanterie.

Délibérant à huis-clos, le président a posé les questions suivantes :

Fait principal (1). — Le nommé Adam, Jean, qualifié ci-dessus, est-il coupable d'avoir, le 27 novembre dernier, à Louvigny, soustrait frauduleusement une certaine somme d'argent, une montre en or et des effets mobiliers (2) au préjudice du sieur Marin, aubergiste ? . . . .

OUI.	NON.
IIIIIII	

(1) Dans le cas où il y aurait plusieurs faits principaux, on les numéroterait par : 1er *fait principal*, 2e *fait principal*, &c., et on aurait soin de grouper sous chacun de ces faits les circonstances aggravantes qui lui seraient particulières.

(2) S'il y avait doute relativement à la soustraction de l'une des choses relatées dans le fait principal, on ferait une question spéciale pour l'objet à l'égard duquel s'élèvent des doutes.

	OUI.	NON.
Circonstances aggravantes. — 1° Cette soustraction frauduleuse a-t-elle été commise à l'aide d'escalade, en franchissant une croisée pour s'introduire dans la maison où elle a eu lieu ?	IIIII	II
2° A-t-elle été commise à l'aide d'effraction extérieure, en brisant deux carreaux de vitre pour s'introduire dans ladite maison ?	IIIIII	I
3° A-t-elle été commise à l'aide d'effraction intérieure, en forçant la serrure d'une armoire fermée à clef ou barrée à l'intérieur, placée dans la même maison ? . . , ...	IIIIIII	
Le nommé NOEL, Jacques, susqualifié, est-il coupable d'avoir, avec connaissance, aidé ou assisté dans les faits qui ont préparé ou facilité l'action, ou dans ceux qui l'ont consommée, l'auteur de la soustraction frauduleuse spécifiée dans la première question ?	IIIIIII	
Le nommé JULIEN, Félix, susqualifié, est-il coupable d'avoir, à Caen, recélé sciemment, en tout ou en partie les choses obtenues à l'aide de la même soustraction frauduleuse ?	IIII	III

Les voix recueillies conformément aux articles 131 et 133 du Code de Justice militaire, en commençant par le grade inférieur, le président ayant émis son opinion le dernier, le Conseil déclare :

Sur la 1re question, à l'unanimité, OUI, l'accusé ADAM est coupable.

Sur la 2e question, à la majorité de cinq voix contre deux, OUI, l'accusé est coupable.

Sur la 3e question, à la majorité de six voix contre une, OUI, l'accusé est coupable.

Sur la 4e question, à l'unanimité, OUI, l'accusé est coupable.

Sur la 5e question, à l'unanimité, OUI, l'accusé NOEL est coupable.

Sur la 6e question, à la minorité de trois voix contre quatre, NON, l'accusé JULIEN n'est pas coupable.

A la majorité, il y a des circonstances atténuantes en faveur du nommé ADAM.

Les voix recueillies de nouveau dans la forme prescrite par les articles 131 et 134 du Code de Justice militaire pour l'application de la peine (1), le Conseil condamne : 1° à la

(1) ***Cumul ou Confusion des peines.*** **— Si l'accusé se trouvait déjà sous le**

minorité d'une voix contre six, dont deux avaient voté pour

poids d'une condamnation, le Conseil de Guerre pourrait ordonner la confusion des peines. Dans ce cas, le jugement serait ainsi formulé : « Attendu que par jugement du Tribunal de police correctionnelle de...., en date du.... le nommé.... a été condamné à six mois de prison pour un délit d'escroquerie commis pendant qu'il était en congé ;

» Attendu que pour la fixation de la peine qui va être ci-après indiquée, le Conseil a pris en considération celle dont il vient d'être question,

» Le Conseil condamne à l'unanimité, ou à la majorité de... voix contre... le nommé... à la peine de... en vertu des articles..... ainsi conçus : ....

» Dit que dans cette peine se confondra celle de six mois de prison précédemment prononcée ;

» Condamne le susnommé aux frais envers l'Etat, conformément à l'article 139 du Code de Justice militaire, ainsi conçu : .... »

Si par la décision du Conseil, la peine ne devait pas se confondre, on dirait, après la formule ordinaire de condamnation : « Dit que dans cette peine ne se confondra pas celle de..... prononcée le... par le Tribunal de police correctionelle de... ou par tel Conseil de Guerre, contre le condamné. » Dans l'espèce, le silence du Conseil signifierait d'ailleurs que les peines ne seraient pas confondues.

Récidive. — Dans le cas où il y aurait lieu d'appliquer la peine de la récidive, le jugement pourrait être rendu en ces termes : .... « Attendu que, par jugement définitif en date du... rendu par le Tribunal de police correctionnelle de........ le nommé........ a été condamné à la peine de deux ans de prison et 50 francs d'amende pour escroquerie au préjudice d'un habitant ;

« Vu l'extrait de jugement délivré par le greffier près ledit Tribunal, attestant la condamnation dont il vient d'être parlé ;

» Le Conseil, faisant application au nommé.... des dispositions de l'article 58 du Code pénal, le condamne, à l'unanimité, ou à la majorité de.... à la peine de cinq ans de prison (jusqu'à dix ans), en vertu des articles, &c., &c.

» Condamne en outre le susnommé.... aux frais, &c. »

Récidive en cas de désertion. — Le Conseil de Guerre, après le verdict de culpabilité, doit constater en ces termes l'état de récidive de l'inculpé dans son jugement de condamnation :

« Attendu que, par jugement définitif en date du.... rendu par le 1er Conseil de Guerre permanent de la 9e division militaire, le nommé .... a été condamné à la peine de... ans d'emprisonnement (ou de travaux publics si la désertion a eu lieu à l'étranger) pour désertion à l'intérieur (ou à l'étranger), en emportant des effets d'habillement à lui confiés pour le service (ou toute autre circonstance aggravante) ;

» Vu l'extrait de jugement délivré par le greffier près ledit Conseil de Guerre attestant la condamnation dont il vient d'être parlé ;

cinq ans de prison; trois pour cinq ans de réclusion, et un pour sept ans de la même peine, le nommé ADAM, Jean, à quatre années d'emprisonnement, en vertu des articles 384, 381, 393, 397, 463, 401 du Code pénal ordinaire et 267 du Code de Justice militaire;

2° A la majorité de cinq voix contre deux, le nommé NOEL, Jacques, à la peine de cinq ans de travaux forcés, à la dégradation militaire et à la surveillance de la haute police pendant toute sa vie, en vertu des articles 59, 60, 384, 381, 393, 397, 19, 47 du Code pénal ordinaire, 202, 267, 189 du Code de Justice militaire; lesdits articles ainsi conçus : ...... (1)

Vu les articles 139 du Code de Justice militaire, et 23 du décret du 13 novembre 1857, ainsi conçus :..... Condamne

» Le Conseil de Guerre condamne, à (nombre de voix), le nommé.... à la peine de...... et aux frais envers l'Etat, en vertu des articles 231, 232 et 139 (ou 235, 236 et 139) du Code de J^ce M^re, ainsi conçus :.... ».

(1) *Remplacement de l'amende par l'emprisonnement.* — Si l'accusé était condamné pour faux, le Conseil pourrait user de la faculté que lui accorde l'article 195 du Code de Justice militaire, en remplaçant l'amende édictée par l'article 164 du Code pénal par un emprisonnement de six jours à six mois. Il formulerait ainsi sa décision :

« ..... Attendu que le crime de faux dont le n^é .... est déclaré coupable est également puni d'une amende dont le minimum ne peut être inférieur à 100 francs, conformément à l'article 164 du Code pénal, ainsi conçu : ......

» Mais, attendu que le Conseil de Guerre peut user de la faculté exprimée en l'article 195 du Code de Justice militaire, portant ce qui suit.....

» Le Conseil, faisant application desdites dispositions, condamne à la majorité de... ou à l'unanimité, le nommé.... à la peine de deux mois de prison, en remplacement de l'amende édictée par l'article 164 du Code pénal dont il a été donné lecture; — ordonne que cette peine sera subie aussitôt après l'expiration de la peine principale. »

Si l'accusé n'était passible que d'une simple amende comme peine principale, on dirait :

« Attendu que le fait dont le n^é .... est déclaré coupable est puni d'une amende de... par l'article... du Code pénal, ainsi conçu.....

» Vu l'article 195 du Code de Justice militaire, lequel porte ce qui suit : ....

» Le Conseil, faisant application de ces dispositions, condamne, à la majorité de... le nommé.... à la peine de..... d'emprisonnement. »

les nommés Adam et Noel aux frais envers l'Etat (1); ordonne en outre que les objets produits au procès comme pièces de conviction seront restitués à leurs propriétaires (2).

En ce qui concerne le nommé Julien, Félix, ledit Conseil faisant application de l'article 136 du Code de Justice militaire, l'acquitte de l'accusation (ou de la prévention) dirigée

(1) Il est inutile de dire que, s'il n'y avait qu'un seul accusé, il ne serait question ni de solidarité, ni de l'article 23 du décret du 13 novembre 1857. On se bornerait à dire : « Vu l'article 139 du Code de Justice militaire ainsi conçu... condamne le nommé... aux frais envers l'État. »

Au cas de poursuite contre plusieurs accusés à raison d'un même fait, les débats sont indivisibles, et la condamnation aux frais de ceux reconnus coupables doit comprendre même les frais concernant les accusés qui sont acquittés. (Arr. des 12 octobre 1849, 18 avril 1850.)

Il en est autrement au cas de poursuite simultanée pour des faits distincts. (Arr. des 20 janvier 1843, 30 janvier et 2 avril 1846.)

Au cas d'accusation de plusieurs crimes se rattachant à une cause commune, l'acquittement sur les uns n'empêche pas que la condamnation sur les autres ne rende le condamné passible de la totalité des frais. (Arr. du 27 janvier 1838.)

Mais, en aucun cas, un accusé ne peut être condamné aux frais de poursuite occasionnés par un crime imputé à son coaccusé, dont il n'est pas le complice. (Arr. 30 avril 1825.)

Au surplus, l'accusé déclaré coupable n'est tenu que des frais régulièrement faits, et on ne peut mettre à sa charge ceux qui ont été occasionnés par un arrêt de renvoi dont la cause lui est étrangère. (Arr. 6 avril 1833.)

Contrainte par corps. — Lorsque les frais s'élèvent à 300 fr., il y a lieu de prononcer la contrainte par corps : « Vu les articles 7 et 40 de la loi du 17 avril 1832 ainsi conçus.....

« Attendu que les condamnations pécuniaires s'élèvent à 300 francs, le Conseil fixe la durée de la contrainte par corps à..... (de 6 mois à 5 ans; et si le débiteur a commencé sa 70e année, de 3 mois à 3 ans.) »

[illegible]damnés décorés de la Légion-d'Honneur ou de la médaille militaire.

Si le co[illegible]mné est membre de la Légion-d'Honneur ou décoré de la médaille militaire, lorsque le jugement prononce une peine afflictive et infamante, on ajoute :

« Et vu l'article 138 du Code de Justice militaire, ainsi conçu.....

« Le Conseil déclare que le nommé..... cesse de faire partie de l'ordre impérial de la Légion-d'Honneur (ou d'être décoré de la médaille militaire). »

Le condamné n'est pas ramené à l'audience pour entendre sa déchéance.

contre lui; ordonne qu'il soit mis en liberté s'il n'est retenu pour autre cause, conformément au 3e § dudit article 136, ainsi conçu.....

Enjoint au Commissaire impérial de faire donner immédiatement, en sa présence, lecture du présent jugement aux nommés ADAM, NOEL et JULIEN, devant la garde assemblée sous les armes; d'avertir les condamnés que la loi leur accorde un délai de vingt-quatre heures pour se pourvoir en révision, et, au surplus, de faire exécuter ce jugement dans tout son contenu.

---

418. Jugement d'acquittement.

JUGEMENT.

NAPOLÉON, par la grâce de Dieu et la volonté nationale, Empereur des Français, à tous, présents et à venir, salut.

Cejourd'hui 28 décembre 1865, le 2e Conseil de guerre permanent de la 2e Division militaire, réuni à l'effet de juger le nommé MARTIN, Jacques, fusilier au 70e régiment d'infanterie.

Délibérant à huis-clos, le président a posé la question suivante :

	OUI.	NON.
Le nommé MARTIN, Jacques, qualifié ci-dessus, est-il coupable d'avoir, le 25 novembre dernier, à Caen, sciemment fait usage d'un timbre-poste ayant déjà servi à l'affranchissement d'une lettre ?	I I I	I I I I

Les voix recueillies conformément aux articles 131 et 133 du Code de Justice militaire, en commençant par le grade inférieur, le président ayant émis son opinion le dernier, le Conseil déclare, à la majorité de quatre voix contre trois : NON, le prévenu n'est pas coupable.

En conséquence, ledit Conseil, faisant application de l'article 136 du Code de Justice militaire, ACQUITTE le nommé MARTIN de la prévention dirigée contre lui; ordonne qu'il soit mis en liberté, s'il n'est retenu pour autre cause, conformément au 3e § dudit article 136, ainsi conçu.....

Enjoint au commissaire impérial de faire donner immédiatement, en sa présence, lecture de ce jugement au nommé MARTIN, devant la garde assemblée sous les armes, et, au surplus, de faire exécuter le présent jugement dans tout son contenu.

---

419. **Jugement d'absolution.**

JUGEMENT.

NAPOLÉON, par la grâce de Dieu, etc.

Cejourd'hui 28 décembre 1865, le Conseil de guerre permanent de la 2e Division militaire, réuni à l'effet de juger le nommé TIRET, Jules, jeune soldat de la 2e portion du contingent du département du Calvados (classe de 1864), présent au dépôt d'instruction du 70e de ligne.

Délibérant à huis-clos, le président a posé la question suivante :

	OUI.	NON.
Le nommé TIRET, Jules, qualifié ci-dessus, est-il coupable d'avoir, le 16 novembre dernier, volontairement mis le feu à sa maison, située près du hameau de La Délivrande, canton de Douvres (Calvados), maison non habitée et non destinée à l'habitation?	IIIIIII	

Les voix recueillies conformément aux articles 131 et 133 du Code de Justice militaire, en commençant par le grade inférieur, le président ayant émis son opinion le dernier, le Conseil déclare, à l'unanimité : OUI, le prévenu est coupable.

Les voix recueillies de nouveau dans la forme prescrite par les articles 131 ét 134 du Code de Justice militaire, pour l'application de la peine, le Conseil, attendu que le fait dont le nommé TIRET est coupable n'est défendu par aucune loi pénale, l'ABSOUT de l'accusation dirigée contre lui, conformément au 4e § de l'article 136 du Code de Justice militaire, ainsi conçu.....

En conséquence, ordonne qu'il soit mis en liberté à l'expiration du délai fixé pour le recours en révision.

Enjoint au commissaire impérial de faire donner immédiatement, en sa présence, lecture du présent jugement à l'ABSOUS, devant la garde assemblée sous les armes, et, au surplus, de faire exécuter le présent jugement dans tout son contenu.

Observations. — La question de savoir si l'accusé contre lequel il n'est prononcé aucune peine, peut être condamné aux frais de poursuites, se présente dans diverses hypothèses. De l'ensemble de la jurisprudence, dit Sirey (*Code d'Inst. C*elle, art. 368), il paraît résulter que si, dans le cas où l'accusé a été *acquitté* purement et simplement, il ne peut être condamné à supporter une portion quelconque des frais, les juges doivent au contraire, en prononçant l'*absolution*, condamner le prévenu aux dépens. Au reste, il existe sur cette matière une certaine confusion, et la décision, dans chaque espèce, dépend plutôt des circonstances particulières de la cause que de l'application d'un principe certain et invariable.

Les auteurs enseignent, d'une manière générale, que la partie qui ne succombe pas ne peut être condamnée aux dépens.

Que ce soit par voie d'*acquittement*, d'*absolution* ou de *renvoi*, disent-ils, que le prévenu ou l'accusé gagne sa cause, il ne doit pas être condamné au remboursement des frais avancés par le Trésor public, attendu que, de quelque manière que le jugement ait été prononcé, il en résulte que l'accusé ou le prévenu ne s'était pas rendu coupable d'un délit *punissable*; or, ce n'est qu'à l'égard des délits punissables qu'il peut être fait des poursuites par le ministère public. — Carnot, *Code pénal*, t. Ier, p. 64; Chauveau et Hélie, *Théorie, Code pénal*, t. Ier, p. 260, et t. II, p. 194; de Dalmas, *Frais de justice crim.*, p. 388.

Il a été décidé que l'accusé, absous en ce que le fait dont il est déclaré l'auteur n'est puni par aucune loi, pouvait n'être condamné à aucuns frais de la procédure. (Arr. du 10 décembre 1831.)

Jugé toutefois que l'accusé absous peut, à la différence de l'accusé acquitté, être condamné aux frais de la procédure. (Arr. des 7 janvier 1830, 30 juillet 1831.)

La Cour de cassation a décidé en outre que l'accusé déclaré coupable, mais absous par suite de *prescriptions*, peut être condamné aux frais. (Arr. des 22 avril 1830 et 21 août 1845.)

---

420. Jugement d'incompétence.

JUGEMENT.

NAPOLÉON, par la grâce de Dieu, etc.

Cejourd'hui (date), le 2e Conseil de guerre permanent de la 2e Division militaire, réuni à l'effet de juger le nommé Morel, Philippe, cavalier à la 1re compagnie de cavaliers de remonte.

Délibérant à huis-clos, le président a posé la question suivante :

Le Conseil est-il compétent pour juger le nommé Morel, Philippe, qualifié ci-dessus, accusé d'avoir, dans le courant du mois de novembre dernier, à Caen, soustrait frauduleusement trois hectolitres d'avoine au préjudice de l'Etat, ladite soustraction ayant été commise en complicité du sieur Clarret, François, aubergiste, demeurant à Caen, qui, sciemment, aurait recélé en totalité l'avoine dérobée? . . . .

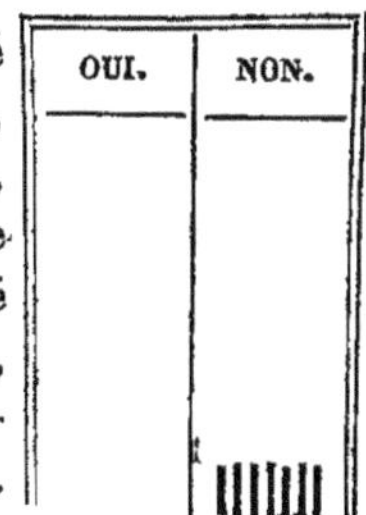

Les voix recueillies conformément aux articles 131 et 133 du Code de Justice militaire, etc., etc.

Le 2e Conseil de guerre permanent se déclare, à l'unanimité, incompétent pour juger le nommé Morel, qualifié ci-dessus.

Sur quoi et attendu les conclusions prises par M. le Commissaire impérial dans son réquisitoire ;

Le Conseil, faisant droit sur ledit réquisitoire,

Attendu qu'il résulte des débats et de la procédure, que la soustraction frauduleuse de trois hectolitres d'avoine commise au préjudice de l'État par le nommé MOREL, a été accomplie de complicité avec le nommé CLARRET, François, aubergiste, qui, sciemment, aurait recélé en totalité le produit de ce vol, et qui, aux termes de l'article 62 du Code pénal ordinaire, doit être puni comme complice de ladite soustraction ;

Attendu que le sus-nommé CLARRET, François, n'est pas militaire ni justiciable en aucune manière des tribunaux de l'armée ;

Attendu que dans cet état de choses la connaissance et la répression de ces faits de vol appartiennent exclusivement à la juridiction ordinaire, conformément à l'article 76 du Code de Justice militaire, ainsi conçu.....

ORDONNE, à l'unanimité, qu'à la diligence du commissaire impérial, le nommé MOREL, Philippe, qualifié ci-dessus, mandat d'arrêt tenant ensemble toutes les pièces de la procédure, et copie du présent jugement seront envoyés devant M. le procureur impérial près le tribunal civil de 1re instance, séant à Caen, pour être statué ce qu'il appartiendra.

Enjoint au Commissaire impérial de faire donner immédiatement lecture du présent jugement au nommé MOREL, devant la garde assemblée sous les armes, de l'avertir que la loi lui accorde un délai de 24 heures pour se pourvoir en révision, et au surplus de faire exécuter le présent jugement dans tout son contenu.

421.—Jugement de plus ample informé ou avant faire droit.

JUGEMENT.

NAPOLÉON, par la grâce de Dieu, etc.

Cejourd'hui..... le 2e Conseil de guerre permanent de la 2e Division militaire, s'est réuni à l'effet de juger le nommé... (nom, prénoms, grade, corps), accusé de... (spécifier le crime ou le délit.)

Ouï M. le Commissaire impérial en son réquisitoire et ses conclusions tendant à..... (si l'accusé ou le prévenu, par l'organe de son défenseur, renouvelle la demande de faire constater par l'instruction un fait essentiel, ou de faire entendre par le rapporteur des témoins qu'il a omis de citer, et dont les débats ont prouvé la déposition indispensable, on mettra :) et l'accusé dans sa demande tendant à... (en indiquer l'objet).

Le président a ordonné qu'il en serait délibéré.

Le Conseil, délibérant à huis-clos, le président a posé la question ainsi qu'il suit :

« Y a-t-il lieu à ordonner un plus ample informé ? »

Les voix recueillies séparément en commençant par le grade inférieur, le président ayant émis son opinion le dernier, le Conseil déclare à l'unanimité (ou à la majorité de... voix contre...) qu'il y a lieu à ordonner un plus ample informé sur... (préciser les faits qui doivent être l'objet d'un complément d'instruction, ou désigner les témoins qui auraient pu être indiqués et que le rapporteur devra entendre; enfin, déterminer sur quoi le complément d'instruction doit porter.)

« En conséquence, le 2e Conseil de guerre permanent, JUGEANT AVANT FAIRE DROIT, ordonne qu'il sera plus amplement informé sur les faits énoncés au présent jugement; enjoint au Commissaire impérial de faire ses diligences à cet effet, pour, l'instruction complète, les débats être recommencés en entier, conformément à l'article 129 du Code de Justice militaire, ainsi conçu..... » (donner publiquement lecture de cet article.)

Enjoint en outre au Commissaire impérial de faire donner immédiatement lecture du présent jugement au nommé..... devant la garde assemblée sous les armes, de l'avertir que la loi lui accorde un délai de 24 heures pour se pourvoir en révision et, au surplus, de faire exécuter le présent jugement dans tout son contenu.

---

422. — Jugement avant faire droit qui repousse les conclusions déposées par l'accusé.

NAPOLÉON, etc.

Cejourd'hui..... le 2e Conseil de guerre permanent de la 2e Division militaire réuni à l'effet de juger le nommé ADAM, Jean, fusilier au 25e régiment d'infanterie, accusé de vol de comestibles au préjudice de l'ordinaire de sa compagnie.

Vu les conclusions déposées sur le bureau par le défenseur de l'accusé (ou par l'accusé), dont il a été donné lecture, tendant à ce qu'il plaise au Conseil, se déclarer incompétent, par le motif que le vol imputé au nommé ADAM aurait été commis avec la nommée MARION, Julie, couturière, demeurant à Caen ;

Ouï l'accusé en ses moyens à l'appui ;

Ouï le Commissaire impérial en ses réquisitions tendant à ce que le Conseil de guerre se déclare compétent et qu'il soit passé outre aux débats ;

Attendu que rien dans l'instruction n'établit que la fille MARION, Julie, signalée par l'accusé comme ayant été sa complice, ait sciemment recélé en tout ou en partie les comestibles soustraits par cet accusé; que l'accusation pèse donc sur lui seul, et que, par suite, c'est le Conseil de guerre qui est compétent pour le juger.

Vu les articles 123 et 124 du Code de Justice militaire, ainsi conçus : .....

Par ces motifs, le 2e Conseil de guerre, après en avoir délibéré à huis-clos, et les voix ayant été recueillies conformément à la loi, le président ayant émis son opinion le dernier,

DÉCLARE, *à la majorité*, qu'il est compétent pour juger le nommé ADAM, Jean, fusilier au 25e de ligne, et ordonne qu'il sera passé outre aux débats.

Nota. — Cette formule peut être suivie dans tous les autres cas, sauf à modifier les dispositifs.

---

423. Jugement ordonnant le huis-clos.

Le 2e Conseil de guerre permanent de la 2e Division militaire, délibérant à huis-clos, statuant sur les réquisitions prises en audience publique par le Commissaire impérial.

Considérant que la publicité des débats serait dangereuse pour les mœurs, déclare, à l'unanimité, qu'il y a lieu d'ordonner le huis-clos, conformément à l'article 113 du Code de Justice militaire, ainsi conçu.....

En conséquence, le président ordonne que les assistants évacueront la salle d'audience.

---

424. — Jugement de renvoi pour cause de prescription.

NAPOLÉON, etc.

Cejourd'hui, etc., le 2e Conseil de guerre permanent de la

2e division militaire, réuni à l'effet de juger le nommé Adam, Jean, fusilier au 25e de ligne, prévenu d'escroquerie au préjudice d'un habitant;

Vu les conclusions déposées sur le bureau par le défenseur du prévenu et dont il a été donné lecture, tendant à ce que le nommé Adam soit renvoyé des fins de la plainte, attendu que le fait est couvert par la prescription;

Ouï M. le Commissaire impérial dans ses réquisitions, conformes auxdites conclusions;

Le Conseil, délibérant à huis-clos, le président a posé la question suivante :

« Y a-t-il lieu de faire droit aux conclusions du défenseur du prévenu? »

Les voix recueillies séparément en commençant par le grade inférieur, le président ayant émis son opinion le dernier,

Considérant que le fait d'escroquerie à raison duquel le prévenu a été condamné par défaut le... par jugement du 2e Conseil de guerre de la 2e Division militaire, se trouve prescrit puisqu'il s'est écoulé plus de cinq ans depuis la date de sa condamnation, déclare, à l'unanimité, que la peine est prescrite et qu'il y a lieu de faire droit aux conclusions du prévenu.

En conséquence et attendu les réquisitions prises par le Commissaire impérial, renvoie le nommé Adam des fins de la plainte, conformément aux articles 184 du Code de Justice militaire et 636 du Code d'Instruction criminelle, ainsi conçus : ......

Ordonne qu'il soit mis en liberté, s'il n'est retenu pour autre cause.

Pour un déserteur ou un insoumis, le dispositif serait celui-ci :

Considérant que le nommé Adam, prévenu de désertion

(ou d'insoumission) est âgé de plus de cinquante ans; qu'il n'a été l'objet d'aucune poursuite judiciaire à raison de ce délit dans les délais fixés par l'article 184 du Code de Justice militaire, c'est-à-dire dans les trois ans qui ont suivi l'époque où il a accompli sa quarante-septième année, que dès lors, l'action publique est éteinte par la prescription,

Déclare à l'unanimité, etc.

Renvoie le nommé Adam des fins de la plainte, conformément aux articles 184 du Code de Justice militaire et 687 du Code d'Instruction criminelle, ainsi conçus : ....

Et vu le dernier paragraphe de l'article 184 précité, Ordonne que le nommé Adam sera mis à la disposition du Ministre de la guerre, pour être statué à son égard ce qu'il appartiendra.

S'il s'agissait d'un crime :

Attendu que le crime imputé à l'accusé Adam a été commis le...., et qu'il s'est écoulé depuis cette époque plus de dix ans jusqu'au jour de son arrestation, sans qu'il ait été fait aucun acte d'instruction ni de poursuite à raison de ce fait; que dès lors l'action publique est éteinte par la prescription, aux termes de l'article 637 du Code d'Instruction criminelle,

Déclare, etc.

Ou bien :

Attendu que le dernier acte d'instruction sur le crime reproché à l'accusé Adam a été fait le.... et qu'il n'a été suivi d'aucun jugement;

Attendu qu'il s'est écoulé depuis lors jusqu'au jour de

son arrestation, plus de dix ans sans que les poursuites aient été continuées ;

Déclare, à l'unanimité, que l'action publique est éteinte par la prescription.

Ou bien encore, si l'accusé, condamné pour un crime, n'était plus reconnu coupable que d'un délit :

Attendu que le fait dont le prévenu a été déclaré coupable ne constitue plus qu'un délit susceptible d'être puni des peines correctionnelles ;

Attendu qu'il s'est écoulé plus de cinq ans depuis le jugement rendu par contumace à raison de ce fait mal à propos qualifié crime, jusqu'au jour de l'arrestation de son auteur ;

Déclare, à l'unanimité, que la peine est éteinte par la prescription.

---

425. Jugement sur reconnaissance d'identité.

Napoléon, etc.

Le 2e Conseil de guerre permanent de la 2e Division militaire, séant à Caen, réuni à l'effet de statuer sur la reconnaissance d'identité d'un individu arrêté le..... à..... présumé être le nommé.. .. (Nom, prénoms, âge, lieu de naissance, état, profession, domicile, grade et corps auquel il appartient), condamné le.... par le 2e Conseil de guerre permanent de la 2e Division militaire par contumace, à la peine de... comme coupable de...... lequel a prétendu se nommer : (Désigner ses nom, prénoms et profession) ;

Ouï, le Commissaire impérial en son rapport et ses conclusions, tendant à ce qu'il plaise au Conseil déclarer qu'il y a identité entre l'accusé soumis aux débats et l'individu condamné par contumace le... sous le nom de... à la peine de... pour...

Ouï également l'accusé dans ses moyens de défense, tant par lui que par son défenseur,

Le Conseil ayant d'ailleurs procédé suivant la loi;

Délibérant à huis-clos, le président a posé la question suivante :

« Y a-t-il identité entre l'accusé qui déclare se nommer (nom et prénoms de l'individu présent aux débats), et l'individu condamné par contumace par le 2e Conseil de guerre de la 2e Division militaire, le... à la peine de.... pour.... sous le nom de..... ? »

Les voix recueillies conformément à l'article 131 du Code de Justice militaire en commençant par le grade inférieur, le président ayant émis son opinion le dernier, le Conseil de guerre,

Attendu qu'il résulte de l'audition des témoins, des pièces et renseignements produits aux débats, qu'il y a identité parfaite entre le prétendu (indiquer ses faux nom et prénoms) et le nommé... (nom, prénoms et qualité du condamné par contumace); que le signalement physique se rapporte exactement aux mêmes individus, et que l'accusé n'a d'ailleurs fourni aucune preuve qui invalide celles qui précèdent;

Déclare, à l'unanimité, qu'il y a identité.

En conséquence, le Conseil déclare que les vrais nom, prénoms et qualités de l'accusé sont ceux de... (rappeler ceux du condamné par contumace);

ORDONNE en conséquence que le jugement contradictoire qui interviendra sur l'accusation énoncée dans le jugement par contumace s'appliquera au nommé (nom, prénoms et qualités du contumax),

Enjoint au Commissaire impérial de faire lire le présent jugement à l'accusé en présence de la garde assemblée sous les armes, et de l'avertir que la loi lui accorde 24 heures pour se pourvoir en révision.

426. **Jugement de rectification.**

NAPOLÉON, etc.

Cejourd'hui... le 2e Conseil de guerre, etc., s'est réuni à l'effet de rectifier le jugement rendu par ledit Conseil le... contre un militaire immatriculé au... (indiquer le corps) sous les nom et prénoms de... fils de... et de... né à... arrondissement de... département de... qui a été déclaré coupable de...

Ouï M. le Commissaire impérial en son réquisitoire et ses conclusions, tendant à ce qu'il plaise au tribunal déclarer que le jugement rendu le... contre le nommé... et qui le condamne à... pour... s'applique au nommé... (nom et prénoms), dont l'identité avec l'homme incorporé au... (corps), est établie par les pièces produites au procès;

Délibérant à huis-clos, le président a posé la question suivante :

« Y a-t-il lieu de faire droit aux conclusions posées par le Commissaire impérial? »

Les voix recueillies en commençant par le grade inférieur, le président ayant émis son opinion le dernier, le Conseil déclare qu'il y a lieu de faire droit audit réquisitoire.

Le Conseil,

Attendu que le nommé... fils de... et de... né à... le... s'est fait admettre et incorporer dans le... sous le nom de... dont il s'était (ou : dont on lui avait) procuré les papiers ;

Attendu que ce fait résulte de (indiquer les documents qui ont servi à constater l'identité);

Attendu que le nommé... étant le vrai coupable, la peine de... prononcée contre lui le... est et demeure maintenue;

Attendu que le véritable (nom et prénoms) réside actuellement à... et n'a jamais fait partie de l'armée (ou bien : est actuellement dans tel corps dont il n'a jamais cessé de faire partie et où il n'a jamais encouru de condamnations — ou autres raisons) ; qu'ainsi le jugement du... (date) qui porte son nom, ses prénoms, et son signalement, ne s'applique nullement à lui, mais bien au nommé... (nom et prénoms) ci-dessus indiqué ;

Maintient, quant aux condamnations, son jugement rendu le.....

Déclare que ledit jugement s'applique au nommé... fils de... et de... incorporé dans le... sous le faux nom de... et né à... arrondissement de... département de... le...

ORDONNE que mention de la présente rectification sera faite tant sur la minute du jugement en date du... que sur tous actes d'information, procès-verbaux d'exécution, écrous, ordre de conduite et autres pièces qui se rattachent au susdit jugement du... (date) ;

ORDONNE en outre que le présent jugement de rectification sera transmis à qui de droit, pour faire, partout où besoin sera, mention de ladite rectification ;

ORDONNE enfin, qu'expédition du présent jugement sera transmise à M. le Ministre de la guerre, à la diligence du Commissaire impérial qui demeure chargé de faire exécuter ledit jugement dans tout son contenu.

---

427. **Jugement par contumace.**

NAPOLÉON, etc.

Cejourd'hui, etc.

Le 2e Conseil de guerre réuni à l'effet de juger le nommé ADRIEN (Jean), fusilier au 25e de ligne, contumax.

Délibérant à huis-clos, le président a posé les questions suivantes : (Voir la formule sous le nº 417.)

« 1º Le nommé ADRIEN (Jean), qualifié ci-dessus, est-il coupable d'avoir, le 8 novembre dernier, à Alençon (Orne), commis volontairement un homicide sur la personne de la nommée Julie Florent, couturière ?

» 2° L'accusé a-t-il agi avec préméditation ?

» 3° L'accusé a-t-il agi de guet-apens ? »

Les voix recueillies, etc... le Conseil déclare :

Sur la 1re question, à l'unanimité, Oui, l'accusé est coupable ;
Sur la 2e question, à l'unanimité, Oui, l'accusé est coupable ;
Sur la 3e question, à l'unanimité, Oui, l'accusé est coupable.

Les voix recueillies de nouveau, etc.... le Conseil condamne, par contumace, à l'unanimité, le nommé ADRIEN (Jean), fusilier au 25e de ligne, à la peine de mort, à la dégradation militaire et au remboursement des frais de la procédure en vertu des articles 267 du Code de Justice militaire, 295, 296, 297, 298, 302 du Code pénal ordinaire ; 189 et 139 du Code de Justice militaire, ainsi conçus : ......

ORDONNE que le présent jugement sera, conformément à l'article 176 du Code de Justice militaire et à la diligence de M. le Commissaire impérial, mis à l'ordre du jour et affiché, tant à la porte du lieu où siége le Conseil de guerre qu'à la mairie du domicile du condamné.

Observations. — Dans les affaires par contumace, il n'y a jamais lieu d'admettre des circonstances atténuantes en faveur de l'accusé. — Arrêt de Con du 4 mars 1842.

---

428. Jugement par défaut.

NAPOLÉON, etc.

Cejourd'hui... le 2e Conseil de guerre permanent, etc., réuni à l'effet de juger le nommé PHILIPPE (Alfred), caporal au 70e de ligne, prévenu de bris volontaire de son fusil. Défaillant.

Délibérant à huis-clos, le président a posé la question suivante :

« Le nommé PHILIPPE (Joseph), qualifié ci-dessus, est-il coupable d'avoir à Caen, le 10 novembre dernier, volontairement brisé le fusil, appartenant à l'Etat, qui lui était confié pour le service ? »

Les voix recueillies, etc. (voy. la formule sous le n° 417), le Conseil déclare, à la majorité de six voix contre une : OUI, le prévenu est coupable.

A la majorité, il y a des circonstances atténuantes en faveur du nommé PHILIPPE.

Les voix recueillies, etc.

Le Conseil condamne, par défaut, à l'unanimité, le susnommé PHILIPPE (Joseph), à la peine de six mois de prison et au remboursement des frais envers l'Etat, en vertu des articles 254 et 139 du Code de Justice militaire, ainsi conçu...

ORDONNE que le présent jugement sera, conformément aux dispositions de l'art. 179 du Code de Justice militaire, à la diligence du Commissaire impérial, mis à l'ordre du jour de la place, affiché à la porte du lieu où siége le Conseil de guerre et signifié au condamné.

Observations. — Par cette formule, on voit que des circonstances atténuantes peuvent être admises en faveur du prévenu jugé par défaut.

Jugements sur opposition.

429. Recevabilité.

NAPOLÉON, etc.

Cejourd'hui... le 2e Conseil de guerre, etc., réuni à l'effet de statuer sur l'opposition formée par le nommé ADAM

(Jean), fusilier au 25e de ligne, au jugement rendu contre lui, le 12 mai 1865, par le 2e Conseil de guerre de la 2e Division militaire ;

Ouï M. le Commissaire impérial en ses réquisitions, et le prévenu en ses observations ;

Attendu que l'acte d'opposition est régulier, et qu'il a été formé dans les délais prescrits par le 3e § de l'article 179 du Code de Justice militaire ;

Reçoit le nommé ADAM opposant au jugement par défaut ; ORDONNE, en conséquence, qu'il soit procédé à de nouveaux débats.

---

429 *bis.* **Débouté d'opposition.**

NAPOLÉON, etc.

Cejourd'hui... le 2e Conseil de guerre, etc., réuni à l'effet de statuer sur l'opposition formée par le nommé SYLVAIN (Hyppolite), fusilier au 70e de ligne, au jugement par défaut rendu par ledit Conseil de guerre le 12 mai 1865, qui le condamne à la peine d'un an de prison pour vol au préjudice d'un habitant ;

Délibérant à huis-clos, le président a posé la question suivante :

« Y a-t-il lieu d'admettre l'opposition formée par le nommé SYLVAIN (Hyppolite), fusilier au 70e régiment d'infanterie, contre le jugement rendu par défaut, le 12 mai 1865 ? »

Les voix recueillies en commençant par le grade inférieur, le président ayant émis son opinion le dernier, le 2e Conseil de guerre,

Vu l'opposition formée par le nommé SYLVAIN (Hyppolite), par exploit de Me MARC, huissier à Caen, en date du 12 juin 1865, contre le jugement par défaut rendu, le 12 mai de ladite année, par le 2e Conseil de guerre de la 2e Division militaire, qui le condamne à la peine d'un an de prison pour vol au préjudice d'un habitant ;

Attendu que le jugement sus-indiqué a été mis à l'ordre de la place le 15 mai 1865, affiché à la porte du Conseil de guerre le même jour, et notifié au dernier domicile du condamné à Bayeux, le 17 dudit mois ;

Vu le certificat délivré par le greffier du Conseil de guerre, duquel il résulte que le susdit jugement n'ayant été frappé ni d'opposition ni de recours en révision, il est devenu contradictoire à partir du 23 du même mois de mai ;

Attendu que le condamné a laissé s'écouler plus de cinq jours entre la date de la signification du jugement par défaut et celle de son opposition; que tous les actes de la procédure sont, au surplus, réguliers en la forme ;

Par ces motifs, déclare, à l'unanimité, le nommé SYLVAIN non recevable en son opposition , et ordonne que le jugement attaqué recevra son exécution, conformément à l'article 179 du Code de Justice militaire, ainsi conçu...

Enjoint au Commissaire impérial de faire lire le présent jugement au condamné, en présence de la garde assemblée sous les armes , et, au surplus , de faire exécuter ce jugement dans tout son contenu.

---

429 *ter*. **Débouté sur un nouveau défaut.**

.....Le Conseil, après en avoir délibéré à huis-clos ,

Vu l'acte d'opposition au jugement par défaut formé et signifié au nom et requête du sieur ADAM (Jean), fusilier au 25e de ligne, condamné le 12 mai 1865, par le 2e Conseil de guerre de la 2e Division militaire, à la peine d'un an de prison pour vol envers un habitant ;

Vu l'original d'assignation donné au prévenu, ensuite de

cette opposition, pour comparaître de nouveau à l'audience de ce jour;

Ouï M. le Commissaire impérial en ses réquisitions tendant à ce que le nommé ADAM soit déchu de son opposition;

Attendu que le prévenu, en ne comparaissant pas et en ne justifiant d'aucun motif légitime d'empêchement, s'est placé dans le cas prévu par l'article 188 du Code d'Inst. Celle;

Par ces motifs, déclare, à l'unanimité, le nommé ADAM non recevable en son opposition, laquelle est considérée comme non avenue; maintient, en conséquence, le jugement par défaut prononcé contre lui, et déclare qu'il est réputé contradictoire, conformément au dernier paragraphe de l'article 179 du Code de Justice militaire.

---

430. **Jugement en 2e instance** (1).

NAPOLÉON, etc.

Cejourd'hui..... le 2e Conseil de guerre, etc., réuni à l'effet de statuer sur la peine à appliquer au nommé GUILBERT (Louis), fusilier au 43e de ligne, condamné, le 4 octobre 1865, par le Conseil de guerre de la 18e Division militaire, séant à Tours, à la peine de cinq ans de ré-

(1) Bien que le président d'un Conseil de guerre n'ait pas à intervenir pour la convocation ou la réunion du Conseil, il me paraît utile cependant de faire connaître ici la solution donnée à une question soumise à ce sujet à M. le Ministre de la guerre.

Consulté sur le point de savoir si, lorsqu'une affaire est renvoyée en 2e instance devant un Conseil de guerre, après annulation d'un premier jugement, le Général commandant la Division doit intervenir de nouveau pour ordonner soit l'information, soit la mise en jugement, soit enfin la convocation du tribunal, le Ministre a répondu de la manière suivante :

« Paris, Janvier 1860.

« ....Il est vrai qu'aucune disposition particulière du Code de Justice

clusion et à la dégradation militaire pour vol, au préjudice de militaires; jugement annulé par le Conseil de révision de Paris pour cause de fausse application de la peine;

Le Conseil de guerre, ayant procédé suivant la loi, et après en avoir délibéré à huis-clos;

Attendu que par jugement du 4 octobre 1865, rendu par le Conseil de guerre de la 18e Division militaire, séant à Tours, le nommé GUILBERT (Louis), fusilier au 43e de ligne, a été reconnu coupable, à l'unanimité, de vol d'une montre et de différents objets appartenant à des militaires, et que, pour ces faits, ledit GUILBERT, en faveur duquel des circonstances atténuantes n'ont point été admises, avait été condamné d'abord à trois ans de réclusion, puis, sur les réquisitions de l'organe du ministère public, qui avait fait observer audit Conseil de guerre que cette peine ne pouvait être prononcée que pour cinq ans au moins et dix ans au

militaire n'a tracé la marche à suivre en pareil cas; mais cela tient à ce que les principes généraux restent les mêmes, principes d'après lesquels aucune opération des Conseils de guerre ne peut avoir lieu qu'en vertu des ordres du Général divisionnaire. Or, le renvoi d'une affaire par le Conseil de révision devant un autre Conseil de guerre, étant la conséquence naturelle de l'ordre d'informer déjà donné au début des poursuites, il n'y a pas lieu d'en provoquer un nouveau, lors même que la procédure a été annulée en entier et doit être recommencée. Dans ce cas, le Rapporteur et le Commissaire impérial doivent, lorsque la nouvelle information est terminée, se conformer aux prescriptions de l'article 108 du Code de Justice militaire, pour que la mise en jugement et la comparution devant le Conseil de guerre soient ordonnées.

« Quand l'annulation porte uniquement sur les débats, les actes de l'information étant maintenus et devant servir à la seconde instance, il convient seulement de prendre les ordres du Général commandant la Division, pour la convocation et la réunion du Conseil de guerre, conformément à l'article 111 du Code de Justice militaire.

« En conséquence, et suivant l'esprit des articles 108 et 109, il suffit de lui rendre compte de la décision du Conseil de révision qui, en renvoyant le prévenu devant le Conseil de guerre, a ordonné de procéder soit à de nouveaux débats, soit à l'application de la peine, et de lui demander de fixer le jour et l'heure de la réunion du Conseil. »

plus, à l'unanimité des voix, à cinq ans de réclusion et à la dégradation militaire, en vertu des articles 248, 189 du Code de Justice militaire et 21 du Code pénal;

Vu la décision du Conseil de révision de Paris, en date du 11 novembre 1865, qui annule, à l'unanimité, ledit jugement pour fausse application de la peine : « Considérant, » *premièrement,* dit la décision dont il s'agit, qu'en prononçant contre le nommé Guilbert, reconnu coupable de » vols envers des militaires, la peine de trois ans de réclusion, le Conseil avait fait une fausse application de la loi » et violé les articles 248 du Code de Justice militaire et » 21 du Code pénal qui portent en substance que le militaire non comptable des objets volés est puni de la réclusion, et que la durée de cette peine est de cinq ans au » moins et de dix ans au plus;

» Et, *deuxièmement*, que ledit Conseil de guerre, après » lecture faite publiquement de ce jugement et à la suite » d'une nouvelle délibération, ayant prononcé contre le » même cas de culpabilité la peine de cinq ans de réclusion, avait ainsi, de son chef, cassé son premier jugement et s'était substitué au Conseil de révision, auquel, » seul, appartenait le droit de le réformer; »

Vu également ladite décision du Conseil de révision qui renvoie le sus-nommé Guilbert devant le 2e Conseil de guerre, sous réserve du maintien de la culpabilité, conformément au 2e § de l'article 170 du Code de Justice militaire;

Attendu qu'aux termes dudit article, il n'y a plus lieu qu'à statuer sur la peine à appliquer au susnommé Guilbert.

Condamne, à l'unanimité, le nommé Guilbert (Louis), qualifié ci-dessus, à la peine de cinq ans de réclusion, à la dégradation militaire, à la surveillance de la haute police pendant toute sa vie et au remboursement des frais envers l'Etat, en vertu des articles 248, 189, 139 du Code de Justice militaire, 21 et 47 du Code pénal ordinaire, ainsi conçus : ....

Enjoint, etc.

« *Notes.* — On ne doit pas perdre de vue qu'aux termes d'un avis du Conseil d'Etat du 12 novembre 1806, qui n'a jamais cessé d'avoir force de loi et que la Cour de cassation a rappelé dans un arrêt du 7 avril 1865, il est de principe que la condition d'un condamné ne saurait être aggravée sur son seul appel.

» La Cour suprême a de nouveau consacré ce principe de justice et d'humanité dans un autre arrêt, en date du 23 novembre 1865, dont le sommaire que voici suffira pour faire apprécier la portée :

« Est nul le jugement qui, sur l'appel seul du prévenu, aggrave la » position qui lui est faite par le juge de première instance.

» Spécialement, l'appelant d'un jugement de simple police qui l'a » condamné pour injures simples, ne peut être condamné pour in- » jures publiques sur son seul appel. »

Les juges d'appel ne peuvent *aggraver* la peine prononcée par les premiers juges, lorsqu'il n'y a eu appel que de la part du prévenu, et non de la part du ministère public. (Arr. du 14 juillet 1827.) Cette décision est appuyée sur le principe consacré dans l'avis du Conseil d'Etat du 12 novembre 1806.

Bien que, sur le seul appel du prévenu condamné, son sort ne puisse être aggravé, les juges peuvent cependant qualifier les faits autrement que les premiers juges, pourvu que la peine appliquée ne soit pas plus forte : par exemple, voir un vol là où les premiers juges n'avaient vu qu'un escroquerie. (Arr. du 23 juin 1837.)

L'appel d'un prévenu ne profite pas à ses co-prévenus condamnés solidairement avec lui : chaque prévenu doit interjeter appel nominativement dans les délais prescrits par la loi. (Arr. 16 mars 1815.)

L'appel du ministère public investit le tribunal d'appel du droit de connaître l'action tout entière et de la juger. En conséquence, le tribunal peut réformer le jugement au fond, acquitter le prévenu, ou diminuer la peine. (Arr. des 12 nov. 1835, 10 mai 1843.)

431.—Jugement contre un assistant qui met obstacle au cours de la Justice (1).

NAPOLÉON, etc.

Cejourd'hui.... le 2e Conseil de guerre, etc..., réuni à l'effet de juger le nommé Henriot (Jacques), sergent au 43e de ligne, prévenu de voies de fait envers un de ses supérieurs.

Considérant qu'au moment où M. le commissaire impérial prononçait son réquisitoire, l'un des assistants dans l'auditoire a cherché à mettre obstacle au cours de la justice par des murmures et de bruyantes exclamations (ou tout autre motif), ledit Conseil, par l'organe de son président, a ordonné son arrestation immédiate et sa comparution à la barre du tribunal.

Interpellé de dire ses nom, prénoms, âge, profession et domicile, a répondu se nommer Joly (Jules), âgé de 29 ans, tambour au 70e de ligne, en garnison à Caen, et attendu que le délit dont il est prévenu est prévu par l'article 115 du Code de Justice militaire, et qu'il y a lieu de le juger séance tenante, le président l'a invité à faire ses observations sur le fait qui lui est imputé et a nommé pour son défenseur Me Delasalle, avocat près la Cour impériale de Caen ; après quoi le président à procédé à l'interrogatoire du prévenu, et a fait entendre publiquement et séparément les témoins (s'il y en a), le président ayant rempli à leur égard les formalités prescrites par les articles 317 et 319 du Code d'Instruction criminelle.

Délibérant à huis-clos, le président a posé la question suivante :

« Le nommé Joly (Jules), tambour au 70e de ligne,

(1) Cette formule peut également s'appliquer aux accusés ou aux témoins qui se rendraient coupables des mêmes faits.

est-il coupable de rébellion, pour avoir, à l'audience publique de ce jour, causé du tumulte dans le but de mettre obstacle au cours de la justice ? »

Les voix recueillies, etc...

Le Conseil déclare, à la majorité de cinq voix contre deux : OUI, le prévenu est coupable.

Les voix recueillies de nouveau, etc.... le Conseil condamne, à la majorité de quatre voix contre trois, qui avaient voté pour quatre mois de prison, le sus-nommé JOLY (Jules) à la peine de deux mois d'emprisonnement et au remboursement des frais envers l'Etat, en vertu des articles 115 et 139 du Code de Justice militaire, ainsi conçus : .....

Enjoint... etc. (comme pour les jugements de condamnation, et ajouter) : Ordonne en outre que le présent sera annexé au jugement concernant le nommé HENRIOT.

Observations. — Aux termes de l'article 120 du Code militaire, le greffier, *seul*, doit donner lecture de ce jugement, ainsi que des jugements suivants, sous les Nos 432 et 433.

432.—Jugement rendu contre un assistant qui se rend coupable d'outrages ou de voies de fait envers des membres du Conseil (1).

NAPOLÉON, etc.

Le 2e Conseil de guerre, etc... réuni à l'effet de juger le nommé... (Voy. la formule sous le No 431.)

Attendu qu'au moment où il allait être procédé à l'audition du premier témoin (ou tout autre moment de l'audience), l'un des assistants dans l'auditoire, s'adressant aux

(1) Cette formule peut également s'appliquer aux accusés et aux témoins.

membres du Conseil, et tout en proférant les épithètes de *misérables* et de *canailles,* a lancé avec force une pierre dont l'un des membres, M. le chef de bataillon..., a été atteint, ledit Conseil de guerre, par l'organe de son président, a ordonné l'arrestation immédiate et la comparution du coupable à la barre du tribunal.

Interpellé de dire ses nom, prénoms, âge, lieu de naissance, état, profession et domicile, il a répondu se nommer JOLY (Jules), âgé de 29 ans, né à Evreux (Eure), tambour au 70e de ligne, en garnison à Caen, et, attendu que les crime et délit dont il est prévenu sont prévus par les articles 223 et 224 du Code de Justice militaire (1), et qu'il y a lieu, aux termes de l'article 115 dudit Code de Justice militaire, de le juger séance tenante, le président a invité l'accusé à faire ses observations sur les faits qui lui sont imputés, et a nommé d'office Me Delasalle, avocat près la Cour impériale de Caen, pour son défenseur.

Après quoi, etc... (comme dans la formule précédente),

Délibérant à huis-clos, le président a posé les questions suivantes :

« 1o Le nommé JOLY (Jules), qualifié ci-dessus, est-il coupable d'avoir, à l'audience publique de ce jour du 2e Conseil de guerre, outragé par paroles les membres dudit Conseil de guerre ?

» 2o Le susnommé JOLY est-il coupable d'avoir, à la même audience, exercé une voie de fait sur la personne de l'un des membres dudit Conseil, M....., chef de bataillon? »

Les voix recueillies, etc., le Conseil déclare :

Sur la 1re question, à l'unanimité : OUI, l'accusé est coupable ;
Sur la 2e question, à l'unanimité : OUI, l'accusé est coupable.

Les voix recueillies de nouveau, etc..., le Conseil condamne, à l'unanimité, le nommé JOLY (Jules), tambour au

(1) Si l'accusé n'était pas militaire, il y aurait lieu, dans le même cas, d'invoquer les articles 223, 228 et (s'il y a eu effusion de sang) 231 du Code pénal.

70e de ligne, à la peine de mort et au remboursement des frais de la procédure, conformément aux articles 115, 223, 224, 135 et 139 du Code de Justice militaire, ainsi conçus...

Enjoint, etc... (Comme au nº 431.)

(Voyez les observations à la suite de la formule précédente.)

---

433. — Jugement d'un crime ou d'un délit commis à l'audience par un militaire (1).

NAPOLÉON, etc.

Cejourd'hui... le 2e Conseil de guerre, etc... (Comme aux deux dernières formules.)

Attendu que, pendant le cours des débats, un militaire présent dans l'auditoire, a été inculpé d'avoir soustrait frauduleusement une montre en argent au préjudice d'un autre militaire, également présent dans l'auditoire, le Conseil, sur les réquisitions du Commissaire impérial, a ordonné son arrestation et sa comparution à la barre du tribunal.

Interpellé de dire ses nom, etc.

A répondu, etc.

Attendu que, conformément à l'article 116 du Code de Justice militaire, il y a lieu de juger séance tenante ledit..., le président l'a invité... (Le reste comme aux formules précédentes.)

(Voy. les observations sous le nº 431.)

(1) S'il s'agissait d'un individu non militaire, voir la formule sous le nº 435.

434. — Jugement contre un témoin défaillant et contre un témoin qui refuse de prêter serment ou de faire sa déposition.

NAPOLÉON, etc.

Cejourdh'ui, etc... (Comme aux formules précédentes.)

Après l'ouverture de la séance, et le président ayant fait procéder à l'appel des témoins cités tant à la requête du ministère public qu'à la requête de l'accusé ;

Le nommé..., dûment cité aux débats, ainsi que cela résulte de l'original de signification de cédule, en date du... n'ayant pas comparu, le commissaire impérial a requis le renvoi de l'affaire à une autre séance, par le motif que sa déposition est indispensable pour la manifestation de la vérité, et par suite, la condamnation dudit témoin : 1° aux frais qu'occasionne le renvoi de l'affaire; 2° à l'amende prescrite par l'article 80 du Code d'Instruction criminelle ; 3° qu'il soit contraint par corps à comparaître aux débats.

Délibérant à huis-clos, le président a posé la question suivante :

« Y a-t-il lieu de renvoyer l'affaire à une autre séance et de faire droit aux conclusions du Commissaire impérial? »

Les voix recueillies, etc..., le 2e Conseil de guerre;

Attendu que le sieur N..., cité régulièrement n'a pas satisfait à l'assignation dont il a été l'objet, et n'a fait présenter aucun motif légitime d'excuse ;

Attendu qu'il résulte des faits exposés tant par l'organe du ministère public que par le défenseur de l'accusé, que la déposition du sieur... est absolument indispensable dans le débat oral; qu'il y a lieu dès lors de renvoyer le jugement de l'affaire à une autre séance;

Vu les articles 128 du Code de Justice militaire, 354, 355 et 80 du Code d'Instruction criminelle, ainsi conçus...

Déclare, à l'unanimité, qu'il y a lieu de renvoyer l'affaire à une autre séance, qui sera ultérieurement fixée par le Général commandant la Division ;

Et adjugeant au surplus, les conclusions du commissaire impérial, condamne, à l'unanimité, le sieur... aux frais de citation, actes, voyage de témoins et autres, ayant pour objet de faire juger l'affaire ; le condamne en outre à..... francs d'amende, et ordonne qu'il sera contraint par corps à venir donner son témoignage.

ORDONNE, en conséquence, que le présent jugement sera exécuté à la diligence du Commissaire impérial.

Observations. — Si le Commissaire impérial ne requiert que l'amende sans renvoi, il est bien entendu qu'on supprimera la première et la troisième partie de ses conclusions. Le dispositif du jugement sera lui-même modifié. Ainsi, il ne sera plus question de condamnation aux frais de citation, actes, etc., puisque l'affaire ne devra pas être renvoyée à une autre séance. La décision pourrait être rendue en ces termes :

« Attendu que le sieur N..,, cité régulièrement, n'a pas comparu aux débats et n'a fait présenter aucun motif légitime d'excuse ;

» Vu les articles 126, 128 du Code de Justice militaire, et 355 du Code d'Instruction criminelle ainsi conçus...

» Condamne, à l'unanimité, ledit sieur..... en vingt-cinq francs d'amende et aux frais par corps;

» ORDONNE que ce témoin sera amené par la force publique devant le Conseil pour y être entendu. »

Ou, si la présence du témoin n'est pas nécessaire :

« Attendu que l'audition du témoin N... n'est pas indispensable pour la manifestation de la vérité, ordonne qu'il sera passé outre aux débats et qu'il sera donné lecture de la déclaration écrite ;

» ORDONNE en outre que le présent jugement sera exécuté à la diligence du Commissaire impérial. »

Témoin qui refuse de prêter serment ou de faire sa déposition.

« NAPOLÉON, etc.

» Cejourd'hui, etc.

» Attendu que le sieur... cité régulièrement comme témoin, s'est formellement refusé de prêter le serment exigé par la loi (ou : de faire sa déposition);

» Ouï le Commissaire impérial en ses conclusions tendant à ce que ce témoin soit condamné à l'amende, conformément aux articles 355 et 80 du Code d'Instruction criminelle ;

« Vu lesdits articles, lesquels sont ainsi conçus : ....

» Le Conseil condamne, à l'unanimité, le sieur... à... francs d'amende (de 1 à 100 francs). — Voy. le jugement sous le N° 417, pour le remplacement de l'amende par l'emprisonnement..

Nota. — Il est indispensable que la notification de ces jugements soit faite par la gendarmerie au témoin qui en est l'objet, auquel la voie de l'opposition est ouverte dans un délai de cinq jours. (Art. 179 du C. de J. M.)

435.—Procès-verbal du président pour constater un crime ou délit commis à l'audience par un individu non militaire.

Nous... colonel d.... président du 2e Conseil de guerre de la 2e division militaire;

Attendu que, dans la séance de ce jour, un assistant dans l'auditoire a été inculpé d'avoir (indiquer le crime ou le délit), avons fait arrêter le coupable et en avons constaté l'identité ainsi qu'il suit :

Interpellé de dire ses nom, prénoms, âge, profession et domicile, il a répondu se nommer.....

Attendu que le sus-nommé.... n'est ni militaire, ni assimilé aux militaires, et que dès lors le Conseil de guerre n'est pas compétent pour le juger, avons délégué M. le rapporteur du 2e Conseil de guerre de cette division (ou tout autre officier de police judiciaire, sous-officier de gendarmerie, etc.), pour procéder à l'interrogatoire de l'inculpé et à l'audition des témoins, en se conformant à l'article 86 du Code de Justice militaire.

Attendu qu'il résulte des procès verbaux, dressés en conséquence de notre délégation, charges suffisantes de (indiquer le crime ou le délit), ordonnons, en exécution de l'article 116 du même Code, que le nommé.... sera, en vertu de notre mandat d'arrêt, conduit à la prison civile de Caen et mis à la disposition de M. le procureur impérial près le tribunal de première instance de cette ville, pour être statué ce qu'il appartiendra.

Fait en séance publique à Caen, le.... 1865.

Le Greffier, *Le Président,*

Observations. — Une expédition de ce procès-verbal restera annexée à la minute du jugement de l'affaire dans laquelle l'arrestation aura eu lieu ; une deuxième expédition sera transmise au procureur impérial avec toutes les pièces qui auront été établies.

436.—Ordonnance pour l'arrestation d'un assistant qui résiste aux ordres du président.

Nous, colonel, etc.

Attendu que le nommé.... a donné des marques d'improbation (ou tout autre motif) dans le cours des débats, et que, sur l'ordre donné à la force armée de l'expulser de la salle des séances, il a résisté à nos ordres;

Ordonnons, en vertu de l'article 115 du Code de Justice

militaire, son arrestation immédiate, et sa détention pendant (jusqu'à quinze jours) dans la prison militaire de Caen (ou à la maison d'arrêt de Caen si l'individu n'est pas militaire.)

ORDONNONS, en conséquence, à l'agent principal (ou au gardien chef) de ladite prison de l'y recevoir sur l'exhibition de la présente ordonnance.

Fait en séance publique du 2e Conseil de guerre.

A Caen, le....

(Signature).

437.—Exécution de l'ordonnance du président (N° 436).

Nous, (nom, grade et lieu de résidence de l'agent de la force publique), agissant à la requête de M. le président du 2e Conseil de guerre de la 2e division militaire, avons notifié à l'agent principal (ou au gardien chef) de la prison militaire (ou civile) de Caen, l'ordonnance dont copie précède et sommé d'écrouer le nommé.... que nous avons remis entre ses mains.

Fait à Caen, le....

(Signature).

---

438. Certificat d'écrou.

Je soussigné, agent principal (ou gardien chef) de la prison militaire (ou civile), déclare que le nommé.... ci-dessus qualifié a été, en vertu de l'ordonnance qui précède, écroué à ladite prison aujourd'hui, à.... heure.

Fait à Caen, le....

(Signature).

439.—Sommation faite à un accusé qui refuse de comparaître.

L'an mil huit cent.... le.... à.... heure.

A la requête de M. le Lieutenant-Colonel, président du 2e Conseil de guerre permanent de la 2e Division militaire,

Nous (nom, grade et résidence de l'agent de la force publique), sommes transporté à la prison militaire de Caen, où étant, avons invité l'agent principal d'amener au greffe (ou au parloir) de cet établissement, le nommé... accusé de... Ledit ayant été conduit devant nous, l'avons sommé, au nom de la loi, d'obéir à la justice, et de comparaître à l'audience du 2e Conseil de guerre pour y être jugé. Le nommé.... a répondu..... (indiquer sa réponse, qu'elle soit négative ou affirmative, et faire mention, dans le premier cas, des exhortations que l'agent de la force publique aurait adressées à l'accusé pour le déterminer à obéir).

En conséquence, nous avons clos le présent procès-verbal sous notre signature et celle de l'inculpé.

---

440. — Procès-verbal constatant que l'accusé a été contraint de comparaître par la force.

L'AN, etc.

Nous, etc. (noms et qualités des agents).

En vertu d'un mandat d'amener, délivré à la date de ce jour par M. le président du 2e Conseil de guerre séant à Caen, sommes transportés à la prison militaire de cette ville à l'effet de notifier ledit mandat au nommé... inculpé de... parlant à lui-même. Interpellé d'avoir à nous déclarer s'il entendait obéir au mandat décerné contre lui et se rendre devant le Conseil de guerre réuni à l'effet de statuer à son égard, le nommé... a répondu qu'il était prêt à nous suivre, ce qu'il a fait aussitôt. Nous avons en conséquence dressé le présent procès-verbal que l'inculpé a signé avec nous.

(Si l'accusé persistait dans son refus, indiquer sommairement les motifs allégués par lui et terminer ainsi) :

Attendu que, malgré nos vives et pressantes exhortations, l'accusé a persisté obstinément dans son refus, nous sommes emparé de lui et l'avons contraint par la force à nous suivre devant le 2e Conseil de guerre.

En conséquence, nous avons dressé le présent procès-verbal que nous avons signé avec l'inculpé (ou : sommé de signer avec nous, ledit... a déclaré ne le vouloir, ou ne le savoir).

---

441. — Procès-verbal de déposition, à l'audience, d'un témoin soupçonné de faux témoignage.

L'AN mil huit cent soixante-six, le.....

Devant le 2e Conseil de guerre permanent de la 2e Division militaire, séant à Caen, réuni en audience publique, au lieu de ses séances, à l'effet de procéder aux débats du procès concernant le nommé..... accusé de....., le témoin ci-après nommé, régulièrement assigné à la requête de M. le Commissaire impérial, a déposé comme il suit, après avoir prêté le serment de parler sans haine et sans crainte, de dire toute la vérité, rien que la vérité :

Je m'appelle LARCHER (Alfred), âgé de vingt-cinq ans, caporal au 18e régiment d'infanterie, en garnison à..... Je ne suis ni domestique, ni parent, ni allié de l'accusé.

(Le président résume ici la déposition du témoin; il fait également consigner les questions qu'il adresse à ce dernier et les réponses qui lui sont faites. Si une confrontation a lieu, il en est fait mention. Exemple :)

A cet instant nous avons demandé à la femme Paris de nous rappeler d'une manière exacte ce qu'aurait dit Larcher (Alfred).

La femme Paris a répondu...

Interpellé à ce sujet, le témoin Larcher déclare ou explique...

D. —

R. —

D. —

R. —

Lecture donnée au témoin de sa déposition, il a dit qu'elle contient vérité, qu'il y persiste et n'y veut rien changer, et il a signé avec nous et le greffier.

(Signature du président, du greffier et du témoin.)

Et cedit jour... (si le président interroge de nouveau le témoin avant la clôture des débats, ou : et cejourd'hui... si l'affaire a été continuée au lendemain.)

En séance publique du 2e Conseil de guerre permanent de la 2e Division militaire séant à Caen, réuni pour procéder aux débats et au jugement du procès concernant l'accusé..., le témoin Larcher (Alfred), ci-devant dénommé, est appelé en état de liberté devant ledit Conseil; lecture de la déposition écrite qui précède lui a été de nouveau donnée par le greffier, après quoi le président lui a demandé s'il persiste dans cette déposition.

Il a déclaré y persister de nouveau, parce qu'elle ne contient que l'exacte vérité. Il n'a jamais tenu aucun des propos qui lui sont attribués, soit par la femme Paris, soit par le sieur..... Et il a signé avec nous et le greffier, après lecture.

Larcher, invité de signer et interpellé une dernière fois par nous, s'il persiste dans sa déposition, déclare que si la femme Paris affirme qu'il lui a tenu les propos rapportés au procès-verbal d'autre part, c'est qu'il en est sans doute l'auteur, mais il ne se le rappelle pas. Quant aux propos rappelés par le sieur..., je suis certain, dit-il, de ne les avoir jamais tenus ni devant lui ni devant d'autres témoins.

Lecture faite, ledit LARCHER a persisté dans ses réponses, et a signé avec nous, président et le greffier.

---

441 *bis.* — **Procès-verbal d'arrestation d'un témoin accusé de faux témoignage.**

Nous (nom et prénoms), colonel de... (corps), président du 2e Conseil de guerre permanent de la 2e Division militaire séant à Caen, réuni à l'effet de juger le nommé... accusé de...

Attendu que, dans le cours des débats, le nommé LARCHER (Alfred), caporal au 18e de ligne, témoin dans la cause du sus-nommé..., a fait une déposition de nature à le constituer en état de faux témoignage.

Ouï M. le Commissaire impérial en ses conclusions tendant à ce que ledit LARCHER soit mis pour ce fait en état d'arrestation ;

Attendu que, dans le procès-verbal d'information, le sus-nommé LARCHER a déclaré avoir dit (indiquer la première déclaration) ; que ce fait est encore confirmé par les dépositions parfaitement concordantes de trois autres témoins à charge, qui ont également déposé dans la procédure et notamment devant le Conseil, sous la foi du serment et dans les formes indiquées par la loi ; qu'aujourd'hui, en séance publique, le nommé LARCHER a dit et affirmé, toujours sous la foi du serment, des faits contraires à sa première déclaration écrite et signée de lui, et aussi en opposition formelle avec les dépositions authentiques des autres témoins ;

Attendu que, l'ayant invité à réfléchir et à se rétracter, il n'en a pas moins persévéré dans sa déposition qui est de nature à le constituer en état de faux témoignage, ce dont il a été tenu note dans un procès-verbal séparé, signé par le témoin.

A ces causes, ordonnons qu'en vertu de l'article 127 du Code de Justice militaire, le nommé Larcher, Alfred, caporal au 18e de ligne, sera mis en état d'arrestation par notre mandat d'arrêt de ce jour, pour être subsidiairement traduit devant ce même Conseil, comme accusé du crime de faux témoignage en matière criminelle (ou correctionnelle).

Commettons M...., l'un des juges du Conseil, pour procéder à l'instruction (s'il y a lieu), en l'invitant à se conformer aux prescriptions contenues en l'article 108 du Code de Justice militaire.

Fait à Caen, en séance publique, le....

Le Greffier, *Le Président,*

442.—Ordonnance enjoignant à un contumax de se présenter.

Le Président du 2e Conseil de guerre de la 2e Division militaire, séant à Caen, a rendu l'ordonnance suivante :

Nous, président du 2e Conseil de guerre de la 2e Division militaire, vu l'ordre de mise en jugement donné le 1er mai 1865 par le général commandant la Division, contre le nommé Adrien (Jean), fusilier au 25e régiment d'infanterie, absent et contumax, accusé d'homicide volontaire commis avec préméditation et de guet-apens sur la personne d'un habitant, crime prévu et puni par les articles 295, 296, 297, 298 et 302 du Code pénal ;

Vu l'acte de notification au dernier domicile connu dudit avec perquisition de sa personne ;

Attendu qu'il s'est écoulé plus de dix jours depuis que l'ordre de mise en jugement a été notifié au nommé Adrien, sans qu'il se soit constitué prisonnier;

Ordonnons, en exécution de l'article 175 du Code de Justice militaire, au nommé Adrien, de se présenter dans un nouveau délai de dix jours devant le 2e Conseil de guerre de la Division séant à Caen, pour y être jugé sur ladite accusation, et, à cet effet, de se constituer en état d'arrestation dans la prison militaire de Caen;

Disons que notre présente ordonnance sera mise à l'ordre du jour de la place de Caen.

Fait à Caen, le 3 mai 1865.

Le Colonel Président,

CHAPITRE VIII.

Formules des Questions à poser.

Nota. — Je dois rappeler que lorsqu'un Conseil de guerre applique les peines portées par les lois pénales ordinaires, aux crimes et délits non prévus par le Code militaire, on doit indiquer que c'est en vertu de l'article 267 de ce dernier Code que cette application a lieu.

S'il existe des circonstances atténuantes, il est également fait application aux accusés des dispositions contenues en l'article 463 du Code pénal.

Chaque fois que la peine des travaux forcés, ou celle de la déportation, de la détention et de la réclusion est prononcée, le Conseil de guerre doit en même temps condamner l'accusé à la dégradation militaire et à la surveillance de la haute police pendant toute la vie. (Art. 189 du Code de J. M. et 47 du Code pénal. — Voy. ce que j'ai dit sous les nos 277 et suivants.) Toutefois, l'omission de ces peines accessoires dans le prononcé du jugement, ne constituerait point une nullité, la dégradation étant le préalable obligé et la surveillance la conséquence de toute condamnation afflictive et infamante. (Arr. des 31 janvier 1834 et 7 avril 1865.)

Il est bien entendu que si, par suite de l'admission de circonstances atténuantes, une peine afflictive et infamante était abaissée jusqu'à l'emprisonnement, qui est une simple peine correctionnelle, il n'y aurait plus lieu de prononcer la dégradation militaire, ni la surveillance. On se bornerait à indiquer avec l'article 267 du Code de Justice militaire, les art. du Code pénal relatifs aux faits reprochés à l'accusé, ainsi que les art. 463 et 401 du même Code.

Toutes les peines portées par le Code pénal ordinaire, peuvent être modifiées par l'admission de circonstances atténuantes. Il n'en est pas de même du Code de Justice militaire, qui indique chaque fois, par une mention spéciale, lorsque ces circonstances peuvent être admises et dans quelle proportion la peine peut être abaissée. Ces différents cas sont indiqués ainsi : *Circonstances atténuantes*, après les questions sur les crimes ou délits prévus par le Code militaire. — L'art. *189* qui suit les art. du Code de J. M., signifie que la loi prononce avec la peine principale la dégradation militaire.

443. Trahison.

« Le nommé N.... fusilier à tel régiment (Français ou au service de la France), est-il coupable d'avoir, le... à... porté les armes contre la France? »

Art. 204 — 1er § — 189 du C. de J. M.

Le 1er § de l'art. 204 est la reproduction de l'article 75 du Code pénal.

« Le nommé N.... (grade et désignation de l'armée ennemie) a-t-il, ayant faussé sa parole, été repris les armes à la main? »

Art. 204 — 2e § du C. de J. M.

« Le nommé N.... — grade ou fonctions — est-il coupable d'avoir, le... à... livré à l'ennemi ou dans l'intérêt de l'ennemi, la troupe qu'il commandait. — Ou : la place de... qui lui était confiée. — Ou : les approvisionnements de l'armée. — Ou : les plans de telle place de guerre, etc. — Ou : le mot d'ordre ou le secret d'une expédition? »

Art. 205 — 1er § — 189. J. M.

Chaque fait doit être l'objet d'une question spéciale.

« N... est-il coupable d'avoir entretenu, le... ou dans le courant de... à... des intelligences avec l'ennemi dans le but de favoriser ses entreprises?

Art. 205 — 2e § — 189 J. M.

« N... est-il coupable d'avoir, le... à..., participé à des complots dans le but de forcer le commandant de telle place assiégée à se rendre ou à capituler? »

Art. 205 — 3e § — 189 J. M.

« N... est-il coupable d'avoir, le... à..., provoqué à la fuite ou empêché le ralliement en présence de l'ennemi? »

Art. 205 — 4e § — 189 J. M.

444. **Espionnage.**

« N... est-il coupable de s'être introduit, le... dans telle place de guerre, poste ou établissement militaire, travaux, camps, etc., d'une armée, dans le but de s'y procurer des documents ou renseignements dans l'intérêt de l'ennemi? »

Art. 206 — 1er § — 189 J. M.

« N.... est-il coupable d'avoir, le.... à...., procuré à l'ennemi des documents susceptibles de nuire aux opérations de l'armée, ou de compromettre la sûreté de telle place, ou de tel poste et autres établissements militaires ? »

Art. 206 — 2e § — 189 J. M.

« N... est-il coupable d'avoir, sciemment, le... à..., recélé ou fait recéler les espions ou les ennemis envoyés à la découverte ? »

Art. 206 — 3e § — 189 J. M.

« N... (tout individu ennemi, militaire ou non) est-il coupable de s'être introduit déguisé, le... dans telle place de guerre ou établissement militaire ? »

Art. 207 J. M.

445. **Embauchage.**

« N... (tout individu, même de l'ordre civil) est-il coupable d'avoir, le... à..., provoqué des militaires à passer à l'ennemi ou aux rebelles armés, et de leur en avoir sciemment facilité les moyens? — Ou : N... est-il coupable d'avoir, dans le courant de... à... fait des enrôlements pour une puissance en guerre contre la France ? »

Art. 208 J. M.

Si le coupable est militaire, la dégradation doit en outre être prononcée.

SECTION 2. — CRIMES OU DÉLITS CONTRE LE DEVOIR MILITAIRE.

---

446. Capitulation.

« N... (grade ou fonctions) est-il coupable d'avoir, le... capitulé avec l'ennemi et rendu la place qui lui était confiée, sans avoir épuisé tous les moyens de défense dont il disposait, et sans avoir fait tout ce que lui prescrivaient le devoir et l'honneur ? »

Art. 209, 189 J. M.

447. Capitulation en rase campagne.

« N... (grade), commandant telle troupe armée, est-il coupable d'avoir capitulé en rase campagne ?

Circonst. aggr. : « Cette capitulation a-t-elle eu pour résultat de faire poser les armes à la troupe du sieur... ?

Circonst. aggr. : « N..., avant de traiter verbalement ou par écrit, a-t-il fait tout ce que lui prescrivaient le devoir et l'honneur ? »

Si la 1re et l'une des deux autres questions sont résolues affirmativement, la peine de mort avec dégradation militaire doit être prononcée.

Dans le cas de l'affirmative sur la 1re question seulement, la loi ne prononce que la destitution. — Art. 210 du Code de J. M.

448. Abandon de son poste étant en faction.

« N... est-il coupable d'avoir, le..., étant en faction (ou en vedette) à tel endroit, abandonné son poste sans avoir rempli sa consigne ?

Circonst. aggr. N... était-il alors en présence de l'ennemi (ou de rebelles armés) ?

Ou : N... était-il alors sur un territoire en état de guerre (ou en état de siége) ? »

La solution affirmative des deux premières questions entraîne la peine de mort sans dégradation. — Art. 211 1er § J. M.

L'affirmative pour la 1re et la 3e question entraîne une pénalité de 2 à 5 ans de travaux publics. — Même article, 2e §. — Enfin, dans tous les autres cas, le coupable est puni de deux mois à un an de prison. — Art. 211, 3e §.

449. **S'être endormi étant en faction.**

« N... est-il coupable de s'être endormi, le... étant en faction (ou en vedette) à tel endroit? Art. 212 — 3e § J. M.

Circonst. aggr. « Etait-il alors en présence de l'ennemi (ou de rebelles armés) ? Art. 212 — 1er §. J. M.

Circonst. aggr. « Etait-il alors sur un territoire en état de guerre (ou en état de siége) ? — Art. 212 — 2e §. »

450. **Abandon de son poste.**

« N... est-il coupable d'avoir, le... à... abandonné son poste, étant de garde à tel endroit? — Art. 213 (3e §. J. M).

Ou : « N... est-il coupable d'avoir, le... à... étant de garde à tel endroit, abandonné le poste dont il était le chef ? (4e §).

Circonst. aggr. » Cet abandon a-t-il eu lieu en présence de l'ennemi (ou de rebelles armés) ? (Art. 213 1er §. J. M.)

Circonst. aggr. — « Cet abandon a-t-il eu lieu sur un territoire en état de guerre (ou en état de siége)? — Art. 213. — 2e §. J. M. »

Notes. — Le maximum de la peine est toujours appliqué au chef de poste, quelle que soit la nature du fait qui lui est reproché.

Il est inutile de rappeler que dans cet article, comme dans les articles précédents, on ne doit poser de questions que sur les circonstances aggravantes relevées à la charge de l'accusé.

Voici, aux termes d'une dépêche ministérielle du 1er décembre 1865, comment on doit entendre l'article 213 du Code de Justice militaire relatif au délit d'abandon du poste :

« Il est impossible d'admettre, dit M. le Ministre de la guerre, que cet article soit susceptible d'être interprété en ce sens restrictif, que l'abandon du poste impliquerait l'intention de n'y pas reparaître. *Toute absence d'un poste, non autorisée et non justifiée, constitue, sans aucun doute, le délit prévu par l'art. 213.* Les termes en sont trop précis et trop absolus pour qu'on puisse supposer que le retour plus ou moins prompt du délinquant, doive lui assurer l'impunité. Nul assurément ne s'arrêterait à une semblable considération dans les cas spécifiés par les deux premiers paragraphes de l'article 213. (Abandon en présence de l'ennemi ou de rebelles armés sur un territoire en état de siége ou de guerre.) Or, puisque le législateur n'a pas distingué davantage dans le 3e § du même article, il faut reconnaître que ce serait fausser complétement la loi que de ne pas l'appliquer à tout homme qui s'absente, sans autorisation, pendant un espace de temps indéterminé d'un poste où il est de service.

» Si le système contraire devait prévaloir, les coupables trouveraient les moyens de s'absenter le plus longtemps possible en ayant soin de se représenter au moment favorable pour prouver l'idée de retour, et, dans le cas où ils seraient arrêtés avant la fin du service, ils auraient toujours, pour se soustraire à la pénalité de l'article 213, à faire valoir, comme excuse, leur intention formelle de rentrer au poste. »

451.—Abandon de son poste en temps de guerre ou de siége, en cas d'alerte et de générale.

« N... est-il coupable de ne s'être pas rendu à son poste, le... à..., où il était appelé, en temps de guerre, par la générale ? »

Ou : « N... est-il coupable de ne s'être pas rendu à son poste, le... dans telle commune, alors en état de siége, et où, ledit jour, une alerte a eu lieu ? »

Art. 214, J. M.

452. — Abstention ou refus de siéger au Conseil de guerre.

« N... est-il coupable, et hors le cas d'excuse légitime, de ne s'être pas rendu, le... au Conseil de guerre de telle Division où il était appelé à siéger? »

Art. 215, 1er § J. M.

« N... est-il coupable d'avoir refusé de se rendre, le... au... Conseil de guerre de telle Division où il était appelé à siéger? »

Art. 215, 2e §.

Note. — Dans ce dernier cas, si le coupable est officier, outre la peine de deux mois à six mois d'emprisonnement, il peut encore être puni de la destitution.

SECTION 3. — ÉVASION.

453. — S'il y a eu connivence de la part des préposés à la garde des prisonniers.

(L'article 216 du Code de Justice militaire ne prévoit que les faits dont peuvent se rendre coupables les militaires préposés à la garde de prisonniers de guerre ou d'autres individus détenus, en favorisant ou facilitant leur évasion. Les articles 237, 238, 239, 240, 241, 242, 243, 247 et 248 du Code pénal, applicables en vertu de l'article 216 posent le principe de la responsabilité des agents (art. 237), ou distinguent et graduent la peine selon qu'il y a eu négligence ou connivence des agents et selon la position légale de l'évadé.)

« N... est-il coupable d'avoir, le... à... procuré l'évasion du nommé X... (grade et corps), détenu à la prison du corps sous la prévention de vol envers un habitant (ou d'un crime simplement infamant, c'est-à-dire la dégradation militaire ou le bannissement)?

» N... a-t-il procuré cette évasion alors qu'il était préposé à la garde du détenu X...? »

Art. 216 J. M., 238 du C. Pénal.

Notes. — Dans l'espèce, il y a eu connivence. Si le prévenu était coupable de négligence, on dirait : « N..... est-il coupable d'avoir, le..... à..... par négligence, laissé évader, etc..... »

La solution affirmative des deux questions entraîne un emprisonnement de six jours à deux mois de prison en cas de négligence, et de six mois à deux ans en cas de connivence. — Si la 2e question était écartée, la peine ne serait que de six jours à trois mois d'emprisonnement.

Si l'évadé était inculpé d'un crime de nature à emporter une peine *afflictive* et *infamante* (art. 239 C. P.), la première question devrait l'indiquer, attendu que, dans ce cas, la pénalité n'est plus la même. — Il en serait de même pour les évadés accusés d'un crime réprimé par la peine de mort, la déportation ou les travaux forcés à perpétuité. (Art. 240 C. P.)

L'art. 241 contient des dispositions spéciales à ceux qui procurent des instruments pour faciliter l'évasion ou la tentative d'évasion lorsqu'elle a eu lieu avec violences ou bris de prison.

L'art. 242 est relatif aux tiers qui procurent ou facilitent l'évasion en corrompant les gardiens.

L'art. 243 prévoit le cas où l'évasion avec bris et violence aurait été favorisée par transmission d'armes; il punit les coupables des travaux forcés à perpétuité s'ils sont les conducteurs ou gardiens, et des travaux forcés à temps les autres personnes.

Aux termes de l'art. 247, les peines d'emprisonnement établies contre les conducteurs ou les gardiens en cas de négligence, cesseront lorsque les évadés seront repris ou se seront présentés dans les quatre mois de l'évasion.

Enfin l'art. 248 réprime le recel des personnes évadées (trois mois à deux ans de prison); mais les ascendants, époux ou épouse, frères ou sœurs ou alliés aux mêmes degrés, sont exceptés de cette disposition.

454. **Evasion d'un détenu militaire.**

(L'art. 216 du Code militaire, pas plus que le Code lui-même, ne prévoit le cas du militaire qui se serait évadé ou qui aurait tenté de s'évader à l'aide de violences ou de bris de prison, et sans qu'il y ait eu négligence ou connivence de la part des personnes préposées à sa garde. Il y a donc lieu de se reporter à l'art. 245 du Code pénal, applicable en vertu de l'art. 267 du Code militaire; et voici comment pourrait être formulée la question) :

« N..... est-il coupable d'avoir, dans la nuit du... au... tenté de s'évader de la maison de justice militaire de... où il était détenu préventivement, en brisant quatre carreaux de vitre, et en pratiquant une ouverture dans le mur de ladite prison ? »

Note. — La peine est de six mois à un an de prison, et elle ne se confondrait pas avec celle que le coupable encourrait ou qu'il aurait encourue à raison du fait pour lequel il serait détenu.

SECTION 4. — Révolte. — Insubordination. — Crimes et attentats contre les personnes. — Rébellion.

---

455. **Révolte.**

1° Militaires sous les armes refusant d'obéir.

« N... est-il coupable d'avoir, le... à... refusé, à la première sommation, d'obéir aux ordres de ses chefs ?

» Cette désobéissance a-t-elle été commise sous les armes ?

» Cette désobéissance a-t-elle été commise par des militaires réunis au nombre de quatre au moins et agissant de concert ?

» L'accusé était-il l'instigateur ou le chef de cette révolte?
» L'accusé était-il le plus élevé en grade? »

2° Si les militaires prennent les armes sans autorisation et agissent contre les ordres de leurs chefs.

« N... est-il coupable d'avoir, le... à... pris les armes sans autorisation, et agi contre les ordres de ses chefs?

» Cette révolte a-t-elle été commise par des militaires au nombre de quatre au moins?

» L'accusé était-il l'instigateur ou le chef de cette révolte?

» L'accusé était-il le plus élevé en grade? »

3° Si les militaires, au nombre de huit au moins, se livrent à des violences en faisant usage de leurs armes.

« N... est-il coupable d'avoir, le... à... commis des violences dans telles circonstances?

» Ces violences ont-elles été commises par des militaires réunis au nombre de huit au moins?

» L'accusé a-t-il commis ces violences en faisant usage de ses armes?

» L'accusé a-t-il refusé, à la voix de ses supérieurs, de rentrer dans l'ordre?

» L'accusé était-il l'instigateur ou le chef de cette révolte?

» L'accusé était-il le plus élevé en grade? »

Article 217, J. M.

Notes. — Lorsque la rébellion n'a pas le caractère de révolte, elle est prévue et punie par l'article 225, du Code de J. M. (Voir n° 486.)

Si les violences étaient commises envers un supérieur pendant le service ou à l'occasion du service, il y aurait lieu de recourir aux articles 221, 222, 223 qui édictent une peine plus grave.

Pour constituer le crime de révolte, il faut que les coupables aient refusé à la première sommation, dans le cas du n° 1, d'obéir aux ordres de leurs chefs. Si les soldats se dispersaient à la voix de leurs chefs, ils ne seraient pas punissables.

456. **Refus d'obéissance.**

1° Pour marcher à l'ennemi.

« N... est-il coupable d'avoir, le... à... refusé d'obéir lorsqu'il était commandé par ses chefs pour marcher contre l'ennemi ? »

2° En présence de l'ennemi ou de rebelles armés.

« N... est-il coupable d'avoir, le... à... refusé de faire tel service qui lui était ordonné par X... son supérieur ?

» Cette désobéissance a-t-elle eu lieu en présence de l'ennemi ou de rebelles armés ? »

Art. 218, 1er §. 189, J. M., pour les nos 1 et 2 ci-dessus.

3° Sur un territoire en état de guerre ou de siége.

« N... est-il coupable d'avoir, le... à... refusé d'obéir à tel ordre relatif au service qui lui était donné par X... son supérieur ?

» Cette désobéissance a-t-elle eu lieu sur un territoire en état de guerre ou de siége ? »

Art. 218, 2e §.

4° Dans tous les autres cas.

« N... est-il coupable d'avoir, le... à... refusé de monter la garde pour laquelle il était commandé, ou de faire tout autre service qui lui était ordonné par ses chefs ? »

Art. 218, 3e §.

Note.—Dans les questions concernant le délit de refus d'obéissance prévu par l'art. 218, on doit, à peine de nullité, énoncer que c'est à un ordre de son supérieur, relatif au service, que le prévenu a refusé d'obtempérer. (Circulaire ministérielle du 14 mars 1865.)

457. **Violation de consigne.**

1° En présence de l'ennemi.

« N... est-il coupable d'avoir, le... à... violé ou forcé telle consigne?

» Cette violation de consigne a-t-elle eu lieu en présence de l'ennemi ou de rebelles armés ? »

Art. 219, 1er §, 189 J. M.

2° Sur un territoire en état de guerre ou de siége.

« N... est-il coupable d'avoir, etc.

» Cette violation de consigne a-t-elle eu lieu sur un territoire en état de guerre ou de siége ? »

Art. 219, 2e § J. M.

3° Dans les autres cas.

« N... est-il coupable d'avoir, le... à... étant de garde au poste de... (ou dans tout autre cas), violé ou forcé la consigne de telle sentinelle ? »

Art. 219, 3e § J. M.

458. **Violences à main armée.**

« N... est-il coupable d'avoir, le... à... commis des violences envers une sentinelle ?

» N... a-t-il commis ces violences à main armée ?

» N... a-t-il commis ces violences alors qu'il était assisté d'une ou de plusieurs personnes ? »

Art. 220, J. M.

Notes. — La solution affirmative des deux premières questions entraîne la peine de mort. Si les violences n'ont pas eu lieu à main armée ou si elles ont été commises par un militaire assisté d'une ou de plusieurs personnes, la peine est de cinq à dix ans de travaux publics. — Si parmi les coupables il se trouve un officier, il est puni de la destitution avec un emprisonnement de deux à cinq ans. — La peine est d'un an à cinq ans de prison, si les violences ont été commises par un militaire seul et sans armes.

Le 4e § de l'art. 220 prévoit la simple insulte envers une sentinelle, et prononce pour ce fait une peine de six jours à un an de prison. La question pourrait être ainsi formulée : « N... est-il coupable d'avoir, le... à... insulté par propos (gestes ou menaces) une sentinelle? »

459. — Voies de fait avec préméditation ou de guet-apens.

« N... est-il coupable de voies de fait envers le caporal X..., du même corps, son supérieur ?

» L'accusé a-t-il agi avec préméditation ?

» L'accusé a-t-il agi de guet-apens ? »

Art. 221, 189, J. M.

Notes. — La préméditation consiste dans le dessein, formé avant l'action, d'attenter à la personne d'un individu.

Le guet-apens consiste à attendre plus ou moins de temps, dans un ou divers lieux, un individu, soit pour lui donner la mort, soit pour exercer sur lui des actes de violence. (Art. 297 et 298 du C. P.)

460. Voies de fait sous les armes.

« N... est-il coupable de voies de fait envers le caporal X... du même corps, son supérieur ?

» N... a-t-il commis ces voies de fait alors qu'il était sous les armes ? »

Art. 222, J. M.

461. — Voies de fait exercées pendant le service ou à l'occasion du service.

« N... est-il coupable de voies de fait envers le caporal X... du même corps, son supérieur ?

« Ces voies de fait ont-elles eu lieu pendant le service ou à l'occasion du service ? »

Art. 223 J. M. — Cet article prononce la peine de mort dans le cas de l'affirmative sur ces deux questions. — Si la 2e question est résolue négativement, la peine n'est plus que de deux à cinq ans de prison, si le coupable est officier, et de cinq à dix ans de travaux publics, s'il est sous-officier, brigadier ou soldat.

Notes. — Dans une dépêche en date du 8 janvier 1859, M. le Ministre de la guerre établit ainsi la distinction qui existe au sujet de la circonstance aggravante du service ou à l'occasion du service :

..... « Il est certain que du moment où le supérieur dont l'autorité a été méconnue, agit en vertu de son grade ou des ordres de ses chefs, il doit être considéré comme étant de service, et que dès lors le militaire qui l'a frappé ou outragé, est passible des peines portées dans les premiers paragraphes des articles 223 et 224 du Code de Justice militaire. Quand cette circonstance est établie par des preuves incontestables, l'écarter sans autre dessein que de modérer la peine à infliger au coupable, c'est méconnaître complètement les motifs qui ont déterminé à établir une échelle graduée de pénalité et mésuser de la faculté qui a été laissée aux juges de proportionner le châtiment à la gravité du fait.

» C'est aux membres des Conseils de guerre à se bien pénétrer de l'importance de leur mission et de la gravité des intérêts qui leur sont confiés, et à se convaincre qu'ils assumeraient sur eux une bien grande responsabilité si, par faiblesse ou par un sentiment d'indulgence mal entendu, ils allaient à l'encontre des prescriptions formelles de la loi. »

Si la voie de fait n'avait été commise ni avec préméditation, ni de guet-apens, ni sous les armes, ni pendant le service ou à l'occasion du service, et qu'elle eût cependant déterminé la mort ou une incapacité de travail de plus de vingt jours, ce sont les dispositions du Code pénal qui deviendraient applicables. M. Victor Foucher s'exprime ainsi à ce sujet dans son Commentaire sur le Code de Justice militaire, no 1508, page 711 :

« Le Code de Justice militaire, dit M. Foucher, en rendant applicable aux crimes qu'il prévoit l'article 2 du Code pénal ordinaire sur la tentative, a tranché non-seulement la question de savoir si la tentative de voie de fait pouvait être poursuivie et punie comme le crime consommé, mais a également fait cesser toute difficulté sur le point de savoir s'il faut que la *voie de fait ait atteint le supérieur* pour constituer les crimes de voie de fait; car, tout en pensant avec la Cour de cassation que la voie de fait existe dès l'instant où le coupable l'a exercée dans tous les actes qui lui sont personnels, il y aura, au moins, toujours tentative de ce crime si c'est par un acte indépendant de sa volonté que l'auteur de l'action n'a pas atteint son but; de même qu'il y aura délit de menace ou d'outrages envers le supérieur, alors même que le coupable se serait arrêté dans l'accomplissement de son action, pourvu que cette action ait déjà pris le caractère d'une menace ou d'un outrage, ainsi que le démontre si vivement M. le procureur général Dupin dans son réquisitoire sur l'arrêt du 10 janvier 1852.

» Les distinctions établies dans la pénalité par le nouveau Code, selon que les voies de fait ont été commises avec préméditation ou de guet-apens, ou pendant ou à l'occasion du service, ou en dehors de ces circonstances aggravantes, font aussi tomber les questions qui pouvaient résulter du rapprochement des dispositions de la loi ordinaire et de la loi militaire; car si la voie de fait envers le supérieur forme un crime *sui generis*, qui puise surtout sa base dans un manquement à la loi de la subordination ou du respect que l'inférieur doit à son supérieur, le fait peut, en même temps, constituer un crime puni plus sévèrement par la loi commune, comme le serait celui soit de meurtre ou de tentative de meurtre, soit de coups et blessures ayant occasionné une incapacité de travail de plus de vingt jours, si la voie de fait n'a pas eu lieu avec préméditation ou de guet-apens, ou pendant ou à l'occasion du service; or, dans ce cas, on devrait traduire le coupable pour le crime prévu par le droit commun, qui, entraînant une peine plus grave que l'infraction spéciale à la loi militaire, absorberait celle-ci, sauf en cas de réponse négative sur le crime faisant l'objet de la mise en jugement, à poser, s'il y a lieu, comme résultant des débats, la question de voies de fait envers le supérieur, parce que ce crime, bien que ressortant des faits qui ont motivé l'accusation principale, se constitue par des caractères distincts et indépendants. »

Voici maintenant comment les questions pourraient être posées :

462. **Meurtre.**

« N... est-il coupable d'avoir, le... à... volontairement porté des coups et fait des blessures à... ?

» Ces blessures et ces coups ont-ils occasionné la mort de... ?

» Ces coups ont-ils été portés et ces blessures ont-elles été faites dans l'intention de donner la mort ? »

Art. 267 J. M. 295, 304, 18, 47 du C. Pénal, 189 J. M.

Notes. — Dans la position des questions, on doit éviter d'employer le mot *meurtre* comme étant une expression complexe.

Le meurtre, s'il est accompagné d'un autre crime, emporte la peine de mort. En tout autre cas, il est puni des travaux forcés à perpétuité.[1]

Si le meurtre avait précédé, accompagné ou suivi un autre crime, ce qui serait une circonstance aggravante, on ajouterait cette question :

« L'homicide volontaire a-t-il été précédé, accompagné ou suivi du crime de vol ci-dessus spécifié ? »

Dans une question de meurtre accompagné de vol ou de viol, on pose la question de meurtre, puis la question de vol, et enfin la question de savoir si le meurtre a précédé, accompagné ou suivi le crime de vol, ou celui de viol.

Aux termes de l'article 304, on pourrait encore poser cette question :

« L'homicide volontaire a-t-il eu pour objet soit de préparer, faciliter ou exécuter le délit de... (vol simple ou autre délit) ci-dessus spécifié, soit de favoriser la fuite ou d'assurer l'impunité des auteurs ou complices de ce délit? »

Duel. — Le duel peut être qualifié assassinat, notamment quand les combattants étant convenus de se battre au pistolet à six pas, celui qui, d'après la loi du sort, devait tirer le premier, a persisté à tirer malgré les instances des témoins et avec la certitude d'atteindre son adversaire. (Arr. 21 septembre 1821.)

L'homicide volontaire commis dans un duel peut, à raison des circonstances qui l'ont accompagné, être qualifié meurtre. (Arr. 19 septembre 1822.)

Jugé d'une manière absolue que l'homicide commis et les blessures faites en duel tombent sous l'application de la loi pénale, bien que le combat ait eu lieu sans déloyauté. (Arr. des 2 février 1839, — 25 mars 1845, etc.)

Celui des combattants qui n'a fait que blesser son adversaire doit être poursuivi comme coupable de tentative de meurtre ; — et le seul fait d'avoir tiré sur son adversaire sans l'atteindre constitue cette tentative. (Arr. 22 décembre 1837.)

Les blessures faites en duel ne constituent qu'un simple délit, si elles n'ont point occasionné une incapacité de travail de plus de vingt jours, lorsque d'ailleurs il est reconnu en fait que les combattants (à l'épée ou au fleuret) n'avaient point eu l'intention de se donner la mort. (Arr. du 5 avril 1838.)

A l'égard du combattant qui n'a fait aucune blessure, le duel, dans ces circonstances, ne constitue qu'une simple tentative de délit, non punissable d'après la loi. (Même arrêt.)

La provocation au duel, alors même que cette provocation a eu lieu par des discours, cris ou menaces proférés dans des lieux ou réunions publics, ne constitue pas par elle-même un délit, bien qu'elle ait été suivie d'effet. — Celui-là donc qui a été blessé dans un duel ainsi provoqué par lui-même, ne peut être considéré comme complice par provocation de la blessure à lui faite, et poursuivi comme tel avec l'auteur de la blessure. (Arr. 15 octobre 1844.)

Les témoins du duel doivent être poursuivis comme complices de l'auteur principal. — Il en est de même de celui qui a prêté les armes du duel, sachant qu'elles devaient y servir. (Arr. du 22 décembre 1837.)

Jugé encore, que les témoins du duel doivent être poursuivis comme complices de l'auteur principal, dans le cas où le fait a le caractère de crime. (Arr. 2 février 1839.)

Cependant les témoins du duel ne doivent pas être considérés comme complices de l'homicide qui en est résulté, s'il est reconnu qu'ils ont fait des tentatives réitérées pour empêcher le combat, et n'ont accompagné les combattants sur le terrain que pour rendre ce combat moins dangereux, et éloigner toutes les chances du malheur qui est arrivé ; (Arrêt du 22 août 1848.) — et surtout lorsqu'ils sont reconnus avoir fait jusqu'au dernier moment des efforts pour empêcher le duel. (Arr. 4 janvier 1845.)

Enfin il a été jugé que si les témoins se sont rendus sur le terrain avec l'intention d'empêcher le combat, ils ne sont passibles d'aucunes poursuites, si l'on ne peut leur reprocher aucun des faits de complicité déterminés par l'art 60 du Code pénal. (Arr. du 5 avril 1838.)

Suicide et complicité de suicide. — Le fait d'avoir donné volontairement la mort à autrui, même sur son ordre ou sur son consentement, constitue un meurtre ou un assassinat, et non un acte de complicité de suicide. (Arr. des 14 juin, —2 août 1816, 16 nov. 1827.)

La convention arrêtée entre deux individus, de se donner mutuellement la mort, n'enlève pas à l'homicide son caractère de meurtre. (Arr. du 23 juin 1838.)

Pareillement, la tentative de meurtre ne saurait être déclarée excusable par ce motif que celui qui en a été l'objet en avait manifesté le désir, et que cette tentative a été réciproque. (Arr. du 21 août 1851.)

463.—Meurtre par un militaire sur les habitants chez lesquels il reçoit le logement.

« N... est-il coupable d'avoir, le... à... commis un homicide volontaire sur la personne du sieur X... (ou de la femme, ou de l'enfant de ce dernier)?

» N... était-il alors logé chez ledit sieur X... en vertu d'un billet de logement ? »

Art. 256 J. M.

Note. — Si la 2e question était écartée, il faudrait alors recourir aux articles 295 et 304 du Code pénal, comme il est dit au n° 462, ci-dessus.

464. Coups et blessures.

1° « N... est-il coupable d'avoir, le... (ou de telle époque à telle autre) à... volontairement porté des coups ou fait des blessures à X... ?

2° » Ces coups portés ou ces blessures faites volontairement ont-ils occasionné à X... une maladie ou incapacité de travail personnel pendant plus de vingt jours ?

Ou : 3° » Ces coups portés, ces blessures faites volontairement ont-ils été suivis de mutilation, amputation ou privation de l'usage d'un membre, cécité, perte d'un œil, ou autres infirmités ?

Ou : 4° » Ces coups portés ou ces blessures faites volontairement, mais sans intention de donner la mort, l'ont-ils pourtant occasionnée ?

Affirmative sur la 1re question, art. 311 et 315 du Code pénal. (De six jours à deux ans de prison et amende facultative de 16 fr. à 200 fr. — On pourra encore prononcer la surveillance de la haute police pendant deux ans au moins et dix ans au plus.)

Affirmative sur la 1re et la 2e question, art. 309, 1er § du Code pénal. (Deux ans à cinq ans de prison et amende de 16 fr. à 2,000 fr, et interdiction facultative des droits mentionnés en l'art. 42 du même Code.)

Affirmative sur la 1re et la 3e question, art. 309, 2e § du Code pénal. (Réclusion de cinq à dix ans, et peines accessoires.)

Affirmative sur la 1re et la 4e question, art. 309, 3e § du Code pénal (Travaux forcés à temps.)

Notes. — Il est important de se rendre compte de la valeur des deux expressions *mutilation* et *amputation.*

La *mutilation*, c'est la perte de tout ou partie d'un membre, occasionnée directement par la violence même. L'*amputation*, c'est la mutilation opérée par les soins d'un chirurgien et nécessitée par la blessure reçue. Pour que l'on rentre dans les termes du 2e § de l'art. 309, il faudra qu'il soit démontré que l'amputation a été le résultat direct de la violence. La loi se montre sévère dans cette hypothèse, parce qu'elle voit dans les suites de la blessure la meilleure preuve de la violence, de l'intention mauvaise avec laquelle elle a été exercée La gravité de la blessure donne la mesure de la gravité du crime. Mais ce terme de comparaison disparaît, s'il est établi que la violence n'a pas directement et nécessairement produit les accidents que l'on déplore. Ainsi A a légèrement écorché B à la main dans une rixe Par suite du mauvais état de santé de la victime ou d'une fâcheuse influence de la température, la gangrène se déclare. On est obligé d'amputer le malade. Cette opération si grave n'est pas la suite nécessaire, directe de la blessure. Elle n'en est que la conséquence indirecte. A ne sera pas passible des peines portées par le 2e § de l'art. 309.

Les dispositions de l'article 309 du C. P. ne s'appliquent point aux violences excercées contre des magistrats, des officiers ministériels, ou des agents de la force publique dans l'exercice de leur ministère.

Lorsqu'il y aura lieu de réprimer des faits de cette nature, on devra se reporter aux articles 222 et suivants jusqu'à 233 du Code pénal.

465. Violences excusables.

Question d'excuse. « L'accusé a-t-il été provoqué à l'action qu'on lui reproche, par des coups ou violences graves envers sa personne ou envers la personne d'autrui ? »

Art. 321, 326 du C. P.

Note. — L'article 321 ne peut être invoqué quand il s'agit d'excès commis sur des agents de la force publique dans l'exercice de leurs fonctions. Cet article n'est applicable qu'aux crimes envers les particuliers. (Arr. du 20 novembre 1855.)

Autre question d'excuse : « Ces violences (le meurtre, ainsi que les blessures ou les coups) ont-elles été commises en repoussant pendant le jour l'escalade ou l'effraction des clôtures, murs ou entrée d'une maison ou d'un appartement habité, ou de leurs dépendances ? »

Art. 322, 326 du C. P.

Note. — Lorsque le fait d'excuse est prouvé, s'il s'agit d'un crime emportant la peine de mort, celle des travaux forcés ou de la déportation, la peine sera réduite de un à cinq ans de prison; s'il s'agit de tout autre crime, de six mois à deux ans, et surveillance facultative pendant cinq ans au moins et dix ans au plus. S'il s'agit, enfin, d'un délit, la peine sera de six jours à six mois de prison.

Il faut poser autant de questions d'excuse qu'il y a de chefs d'accusation. — Voy. no 260.

Discernement. — Si l'accusé a moins de seize ans, le président posera, à peine de nullité, cette question : « L'accusé a-t-il agi avec discernement ? » (Art. 132 J. M. et 340 C. d'Instr. Celle.)

Ainsi qu'il est dit sous le n° 265, il faut poser autant de questions de discernement qu'il y a de chefs d'accusation.

Lorsque l'accusé aura moins de seize ans, s'il est décidé qu'il a agi *sans discernement*, il sera acquitté ; mais il sera, selon les circonstances, remis à ses parents, ou conduit dans une maison de correction pour y être élevé et détenu pendant tel nombre d'années que le jugement déterminera, et qui toutefois ne pourra excéder l'époque où il aura accompli sa vingtième année. (Art. 66 du Code pénal.)

S'il est décidé qu'il a agi *avec discernement*, voyez, pour l'application de la peine, les n°s 218 et 219.

L'accusé déclaré coupable, mais acquitté pour défaut de discernement, doit être condamné aux frais envers l'Etat; (Arr. 18 mars 1842.) et cette condamnation doit être solidaire avec les autres accusés majeurs poursuivis en même temps et condamnés. (Arr. 25 mars 1843.)

Ivresse. — Aux termes d'un arrêt de la Cour de cassation du 17 juin 1843, rappelé sous le n° 384 *bis*, l'ivresse, même considérée comme cause occasionnelle de l'état d'aberration où s'est trouvé l'accusé au moment de la perpétratien de son crime, ne saurait constituer un motif d'excuse légale.

466. **Violences non coupables.**

La légitime défense n'est pas une question d'excuse qui doive être posée séparément. Dans le cas de légitime défense, il n'y a, d'après la loi, ni crime, ni délit; et en demandant si l'accusé est coupable, on demande, par cela même, s'il était en état de légitime défense (arrêt du 4 octobre 1827) ; il en est de même de la démence et de la force majeure.

On admet qu'il y a eu nécessité actuelle de défense : 1° si l'homicide a été commis, si les blessures ont été faites ou si les coups ont été portés en repoussant pendant la nuit l'escalade ou l'effraction des clôtures, etc. : 2° si le fait a eu lieu en se défendant contre les auteurs de vols ou pillages exécutés avec violence. (Art. 329 du C. P.)

Il n'y a ni crime, ni délit, lorsque le prévenu était dans un état de démence au temps de l'action, ou lorsqu'il a été contraint par une force à laquelle il n'a pu résister. (Art. 64 du Code pénal.)

Le prévenu qui est convaincu du fait, mais excusé sur l'intention, ne doit pas être condamné aux frais envers l'Etat. (Arr. du 17 vent. an XII.) — Il en est de même de l'accusé acquitté à cause de son état de démence au moment du délit. (Arr. du 29 avril 1837.)

467. **Assassinat.**

« N... est-il coupable d'avoir, le... à... commis volontairement un homicide sur la personne de... ?

» L'accusé a-t-il agi avec préméditation ?

» L'accusé a-t-il agi de guet-apens ? »

Art. 295, 296, 297, 298, 302 du C. P.

468. **Menaces d'assassinat.**

« N... est-il coupable d'avoir, le... à..., par un écrit anonyme (ou par un écrit signé), menacé le sieur... de le tuer, de l'empoisonner, etc ?

» Cette menace a-t-elle été accompagnée de tel ordre ou de telle condition ? »

Art. 305, 306, 308 du C. P.

Note. — La question de menaces verbales sous condition, délit prévu par les articles 307 et 308 du Code pénal, pourrait être posée comme résultant des débats :

« N... est-il du moins coupable d'avoir, le... à... menacé verbalement le sieur... de le tuer, de l'empoisonner, etc., s'il ne satisfaisait pas à l'ordre de faire telle chose ? »

Une simple menace verbale n'est pas punissable.

469. **Empoisonnement.**

« N... est-il coupable d'avoir, le... à... attenté volontairement à la vie de... par l'effet de substances pouvant donner la mort plus ou moins promptement ? »

Art. : 301, 302 du C. P.

470. **Parricide.**

« N... est-il coupable d'avoir, le... à... commis volon-

tairement un homicide sur la personne de son père légitime, naturel ou adoptif, ou de son aïeul légitime? »
Art. 299, 302, 13, 323 du C. P.

471. **Infanticide.**

« N... est-il coupable d'avoir, le... à... donné volontairement la mort à un enfant nouveau-né? »
Art. 300, 302 du C. P.

Notes. — Il n'est pas nécessaire de désigner l'enfant sur lequel l'attentat a été commis. (Arrêt du 6 février 1840.) Le meurtre d'un enfant nouveau-né constitue le crime d'infanticide lors même que le coupable ne serait ni le père, ni la mère de l'enfant. (Arr. 14 avril 1837.) Le meurtre de deux enfants nouveau-nés, constitue nécessairement deux infanticides : d'où il suit qu'il faut poser deux questions. (Arr. 18 juillet 1856) La loi, en punissant l'infanticide d'une peine plus forte, n'a eu en vue que l'homicide commis sur un enfant au moment où il vient de naître, ou dans un temps très-rapproché de sa naissance; l'article 300 du Code pénal n'est donc pas applicable au meurtre d'un enfant qui a déjà atteint l'âge de 21 jours, et dont la naissance, si elle n'a pas été légalement constatée, n'a pu, du moins le plus souvent, rester entièrement inconnue. (Arr. 24 décembre 1835.)

Dans uue accusation d'infanticide, on ne peut pas poser, comme résultant des débats, une question d'avortement. (Arr. 30 janvier 1851.)

La personne acquittée du crime d'infanticide peut être poursuivie ultérieurement pour homicide par imprudence (arr. 18 avril 1857), et pour exposition et délaissement d'enfant. (Arr. 20 avril 1850.)

472. **Avortement.**

N... est-il coupable d'avoir, le... à..., par aliments, breuvages, médicaments, violences ou par tout autre moyen, procuré l'avortement de... alors enceinte?

Ou : » N... est-elle coupable de s'être, le... à... lorsqu'elle était enceinte, procuré volontairement l'avortement à elle-même par aliments, breuvages, etc.; *ou* : d'avoir consenti à faire usage des moyens à elle indiqués ou administrés à l'effet de se procurer l'avortement, lequel s'en est suivi ? »

Si l'accusé est médecin, chirurgien, etc. :

« L'accusé est-il médecin, chirurgien, pharmacien, etc. ? »

Art. : 317 du Code P.

473. Maladie causée par des substances nuisibles.

1° « N... est-il coupable d'avoir, le... à... volontairement occasionné à... une maladie ou incapacité de travail personnel, en lui administrant des substances nuisibles à la santé ?

Art. 317 du C. P. 4e §.

2° » Cette maladie ou incapacité de travail personnel a-t-elle duré plus de vingt jours ?

Art. 317, 5e § du C. P.

3° » N... est-il le fils légitime, naturel ou adoptif de... ou le petit-fils légitime de... ? »

Art. 317, 6e § du C. P.

474. Suppression d'enfant.

« N... est-il coupable d'avoir, le... à... supprimé un enfant né vivant ? » — Art. 345 du C. P.

Note. — Le crime de suppression d'un enfant est surtout un attentat contre son état civil. (Arr. du 19 avril 1839.) Pour qu'il y ait suppression d'un enfant, il n'est pas nécessaire qu'il y ait eu, de la part de l'accusé, intention de priver l'enfant de son état. (Arr. du 4 août 1842.) C'est une condition constitutive et substantielle du crime prévu par l'art. 345 que l'enfant supprimé soit né vivant. (Arr. 8 novembre 1839.)

475. Exposition d'enfant.

« N... est-il coupable d'avoir, le... à..., exposé et délaissé (*ou* : d'avoir donné l'ordre, qui a été exécuté, d'exposer et de délaisser) tel enfant au-dessous de l'âge de sept ans accomplis ? » Art. 352 du C. P.

Notes. — La loi veut qu'il y ait eu délaissement, c'est-à-dire cessation ou interruption des soins et de la surveillance dont l'enfant a besoin. (Arr. 16 décembre 1843.)

(Plusieurs circonstances aggravantes peuvent accompagner ce crime.)

« L'endroit où ont eu lieu l'exposition et le délaissement était-il solitaire ? » — Art. 349 du C. P.

« N... était-il, à cette époque, le tuteur ou l'instituteur dudit enfant ? » — Art. 350 et 353 du C. P.

Lors même que l'accusé serait le père de l'enfant, il faut demander s'il est tuteur, le père n'étant pas nécessairement investi de la tutelle. (Arr. 4 mai 1843.) La mère naturelle d'un enfant reconnu est sa tutrice légale. (Arr. 20 avril 1850.)

« Par suite de cette exposition et de ce délaissement, ledit enfant est-il demeuré mutilé ou estropié ?

Art. 351, 309 du C. P.

« La mort dudit enfant a-t-elle été la suite de cette exposition et de ce délaissement ? » Art. 354, 304 du C. P.

476. Enlèvement de mineurs.

« N... est-il coupable d'avoir, le... à..., par fraude ou violence, enlevé, entraîné, détourné ou déplacé, (*ou* : fait enlever, entraîner, détourner ou déplacer) du lieu où il (ou elle) était mis par telle personne, à l'autorité ou à la direction de qui il (ou elle) était soumis ou confié, le (ou la jeune)... âgé alors de moins de 21 ans ? »

Art. 354, 357 du C. P.

« Le jeune (ou la jeune)... était-il (ou était-elle) alors âgé de moins de seize ans accomplis. ? »

Art. 355, 357 du C. P.

477. — Enlèvement avec son consentement d'une jeune fille âgée de moins de seize ans.

« N... est-il coupable d'avoir, le... à... enlevé, entraîné, détourné ou déplacé du lieu où elle avait été mise par telle personne à l'autorité ou à la direction de qui elle était soumise ou confiée, la jeune... âgée alors de moins de seize ans, laquelle a consenti à son enlèvement, ou a suivi volontairement le ravisseur ?

» A cette époque, l'accusé était-il âgé de plus de 21 ans ? » — Art. 356 du C. P.

478. Séquestration de personnes.

« N... est-il coupable d'avoir, le... à..., sans ordre des autorités constituées, et hors le cas où la loi ordonne de saisir des prévenus, arrêté, détenu ou sequestré le nommé... ?

» N... est-il coupable d'avoir, avec connaissance, prêté un lieu pour exécuter la détention ou la séquestration ci-dessus spécifiée ? »

Art. 341 du Code pénal.

Circonstances aggr. — « La détention ou séquestration a-t-elle duré plus d'un mois ?

Art. 341, 342 du Code pénal.

« L'arrestation a-t-elle été exécutée avec un faux costume, sous un faux nom, ou sur un faux ordre de l'autorité publique ? »

Art. 341, 344 du Code pénal.

« La personne arrêtée, détenue ou séquestrée a-t-elle été menacée de la mort ? »

Art. 341, 344 du Code pénal.

« La personne arrêtée, détenue ou séquestrée a-t-elle été soumise à des tortures corporelles ? »

Art. 341, 344 du Code pénal.

Question d'excuse : — « L'accusé, lorsqu'il n'était pas encore poursuivi de fait, a-t-il rendu la liberté à la personne arrêtée, séquestrée ou détenue, avant le dixième jour accompli depuis celui de l'arrestation, détention ou séquestration ? »

Art. 341, 343 du Code pénal.

479. Bigamie.

« N... est-il coupable d'avoir, le... à..., contracté mariage avec la nommée X..., lorsqu'il était encore engagé dans les liens d'un précédent mariage contracté avec la nommée Z... ? »

Art. 340 du Code pénal.

480. Viol.

« N... est-il coupable d'avoir, le... à..., commis un viol sur la personne de... ? »

Art. 332 du Code pénal.

Circonstances aggr. : — « A cette époque, la victime était-elle âgée de moins de quinze ans ? »

Art. 332, 2e § Code pénal.

» L'accusé est-il le père légitime, naturel ou adoptif, ou l'aïeul légitime de la victime ?

» L'accusé, à cette époque, était-il l'instituteur de la victime ?

» L'accusé, à cette époque, exerçait-il les fonctions de... ?

» L'accusé était-il ministre de tel culte ?

» L'accusé a-t-il été aidé dans son crime par une ou plusieurs personnes ? »

Art. 332, 333 du Code pénal.

481. Attentat à la pudeur avec violence.

« N... est-il coupable d'avoir, le... à..., commis un attentat à la pudeur consommé ou tenté avec violence sur la personne de... ? »

Art. 332, 3e § du Code pénal.

Circonstances aggr. : — « A cette époque, la victime était-elle âgée de moins de quinze ans ? »

Art. 332, 4e § Code pénal.

« L'accusé, à cette époque, était-il spécialement chargé de la surveillance de la victime ? »

Art. 332, 333 du Code pénal.

(Voir n° 480, pour les autres circonstances aggravantes.)

482. — **Attentat à la pudeur sans violence sur un enfant de de moins de treize ans.**

« N... est-il coupable d'avoir, le... à..., commis un attentat à la pudeur consommé ou tenté sans violence sur la personne de... alors âgée de moins de treize ans ? »

Art. 331 du C. P.

Circonstances aggr. — (Voir, pour la position des questions, les nos 480 et 481.) — Art. 331 et 333 du Code pénal.

483. **Attentat aux mœurs.**

« N... est-il coupable d'avoir, le... à..., attenté aux mœurs, en excitant, favorisant ou facilitant habituellement la débauche ou la corruption du nommé.... âgé de moins de vingt-et-un ans ? » Art. 334 du C. P.

Circonstances aggr. — (Voir, pour la position des questions, les nos 480 et 481.) — Art. 334, 2e § du Code pénal.

484. **Outrage public à la pudeur.**

« N... est-il coupable d'avoir, le... à..., commis un outrage public à la pudeur ? »

Art. 330 du C. P

485. **Outrages envers un supérieur.**

« N... est-il coupable d'avoir, le... à..., outragé par paroles (gestes ou menaces) son supérieur, le caporal X... du même corps ?

» Ces outrages ont-ils eu lieu pendant le service ou à l'occasion du service ? »

Art. : 224 du C. de J. M.

Les expressions *Je vous emm....* constituent l'outrage par paroles. (Arr. 17 mars 1850). La loi n'exige pas que l'outrage soit de nature à inculper l'honneur ou la délicatesse du supérieur.

Aux termes d'un arrêt de la Cour de Cassation, en date du 17 mars 1866, on doit considérer comme constituant le délit d'outrage à un fonctionnaire de l'ordre judiciaire, le fait par une personne d'avoir chargé un tiers de répéter, même confidentiellement, au fonctionnaire, des propos tendant à inculper son honneur ou sa délicatesse.

486. **Rébellion.**

« N... est-il coupable d'avoir, le... à..., commis une attaque, une résistance avec violences et voies de fait envers la force armée (ou les agents de l'autorité) agissant pour l'exécution des lois, des ordres ou ordonnances de l'autorité publique, des mandats de justice ou jugements ?

Circonst. aggravantes : « Cette attaque, cette résistance a-t-elle été commise avec armes ?

» Cette attaque, cette résistance a-t-elle été commise par plus de deux militaires sans armes ?

» Cette attaque, cette résistance a-t-elle été commise par plus de deux militaires avec armes ?

» Cette attaque, cette résistance, a-t-elle été commise par des militaires armés au nombre de huit au moins ?

» L'accusé était-il le chef de cette attaque, de cette résistance ?

» L'accusé est-il coupable d'avoir provoqué à cette attaque, à cette résistance par des discours proférés sur la voie publique ?

» L'accusé était-il le plus élevé en grade ? »

Art. 225 et, selon le cas, 217 — 3e et 5e § du C. de J. M.

Note. — Pour constituer une rébellion, il faut que la résistance ait été accompagnée de violences ou voies de fait. (Arr. 2 juillet 1835.)

487. — Coups à des fonctionnaires, officiers ministériels, agents de la force publique, etc.

1° « N... est-il coupable d'avoir, le... à..., volontairement porté des coups au sieur.... (énoncer la nature des fonctions) ?

2° » Ces coups ont-ils été portés au sieur... (nom et qualité), pendant qu'il exerçait son ministère, ou à cette occasion ? »

Art. 311, 315, 230 du C. P.

Note. — Les gardes-champêtres et forestiers des particuliers doivent être assimilés aux agents de la force publique (Arr. 2 juillet 1846.) D'autres circonstances aggravantes que celle indiquée dans la 2e question ci-dessus, peuvent être relevées à la charge du prévenu :

« L'accusé a-t-il agi avec préméditation ?

Art. 232, 297 C. P.

» L'accusé a-t-il agi de guet-apens ? — Art. 232, 298 C. P.

» Ces violences ont-elles été la cause d'effusion de sang, blessures ou maladie ? — Art. 231 C. P.

» La mort s'en est-elle suivie dans les quarante jours ? — Art. 231 C. P.

» Ces coups ont-ils été portés et ces blessures ont-elles été faites avec intention de donner la mort ? »

Art. 233 du C. P.

Question d'excuse, provocation : — (Voy. *Violences excusables*, n° 465.)

SECTION 5. — Abus d'autorité.

488.—Attaque à main armée sans ordre.—Acte d'hostilité.

1° « N... (nom, grade et commandement) est-il coupable d'avoir, le... à..., dirigé ou fait diriger une attaque à main armée contre des troupes ou des sujets de telle puissance alliée ou neutre ?

« Cette attaque à main armée a-t-elle été provoquée par tel ou tel motif ?

» N... avait-il reçu l'ordre de diriger ou faire diriger ladite attaque à main armée ; *ou* : avait-il été autorisé à la diriger ou à la faire diriger ? »

Art. 226 du C. de J. M. 1er §.

2° » N... (nom, grade et commandement) est-il coupable d'avoir, le... à..., commis tel acte d'hostilité sur tel territoire allié ou neutre ?

» Cet acte d'hostilité a-t-il été provoqué par tel ou tel motif ?

» N... avait-il reçu l'ordre de commettre ledit acte d'hostilité, *ou* y avait-il été autorisé ? »

Art. 226. J. M. 2e §.

489. Prolongation des hostilités.

« N... (nom, grade et commandement) est-il coupable d'avoir, le... à..., prolongé les hostilités ?

» A cette époque, N... avait-il reçu l'avis officiel de la paix, d'une trêve ou d'un armistice? »

Art. 227 du C. de J. M.

490. — Commandement pris sans ordre ou motif légitime.

1° « N... (nom et grade) est-il coupable d'avoir, le... à..., sans ordre ou motif légitime, pris le commandement soit d'un corps d'armée, d'une troupe, d'une flotte, d'un bâtiment de guerre, d'une place forte, d'un poste, d'un port ou d'une ville ?

2° « N... est-il coupable d'avoir retenu tel commandement militaire contre l'ordre de ses chefs ? »

Art. 228, J. M.

491. Voies de fait envers l'inférieur.

« N... est-il coupable d'avoir, le... à..., et hors le cas de légitime défense de lui-même, frappé son inférieur, le nommé..., du même corps, ou de tel régiment? »

Art. 229, J. M.

Notes. — Voir les observations sur la légitime défense à l'article : *Violences non coupables,* sous le n° 466.

Il est bien entendu que si les voies de fait entraînaient la mort de la victime ou une incapacité de travail personnel, le coupable serait placé sous le coup de la loi pénale ordinaire. — L'article 229 ne prévoit que la voie de fait considérée comme manquement aux devoirs de la profession militaire.

SECTION 6. — INSOUMISSION ET DÉSERTION.

---

492. Insoumission.

« N... est-il coupable d'insoumission à la loi du recrutement ?

» Cette insoumission a-t-elle eu lieu en temps de guerre ? »
Art. 230, J. M.

493. **Désertion à l'intérieur.**

« N... est-il coupable d'avoir, le... à..., déserté à l'intérieur (ou à l'étranger) ?

» A-t-il déserté en temps de guerre, ou d'un territoire en état de guerre ou de siége ?

» A-t-il emporté, en désertant, tel objet faisant partie de ses effets d'armement, d'équipement ou d'habillement (1) ?

» A-t-il déserté étant de service ?

Art. 231 et 232, J. M.

Observations. — Les articles 232 et 236 élèvent le minimum de la pénalité applicable lorsque le déserteur à l'intérieur ou à l'étranger a déjà commis une première fois le délit de désertion. Mais un Conseil de guerre, pour justifier la condamnation, doit constater expressément l'état de récidive légale, en précisant la date et la nature de la première condamnation, le Conseil de guerre dont elle était émanée, et indiquer en outre qu'elle a acquis l'autorité de la chose jugee. Dans les affaires de ce genre, le rapporteur réclame ordinairement un *extrait du premier jugement* pour qu'il soit mis sous les yeux des juges avec les autres pièces de la procédure. Ce n'est donc pas une question spéciale qu'il faut poser au Conseil de guerre, car. d'après la jurisprudence de la Cour de cassation, tout jugement qui prononce une peine attachée à la récidive sans énoncer la précédente condamnation qui rend l'accusé passible d'une aggravation de peine, doit être considéré comme entaché de nullité pour défaut de motifs.

Le Conseil de guerre, après le verdict de culpabilité, devrait énoncer en ces termes l'état de récidive de l'inculpé, dans le jugement de condamnation :

« Attendu que par jugement définitif en date du... rendu par le 1er Conseil de guerre permanent de la 9e Division militaire, le nommé... a été condamné à la peine de trois ans d'emprisonnement pour déser-

(1) Voir, sous le n° 500, l'article 245 du Code de J. M., qui punit de six mois à deux ans de prison tout militaire qui, acquitté du fait de désertion, ne représente pas ses effets.

tion à l'intérieur, en emportant un habit, un pantalon et un bonnet de police faisant partie de ses effets d'habillement;

» Vu l'extrait de jugement délivré par le greffier près ledit Conseil de guerre, attestant la condamnation dont il vient d'être parlé;

» Le Conseil condamne à... (indiquer le nombre de voix) le nommé... à quatre ans (de trois à cinq ans) d'emprisonnement et aux frais envers l'Etat, en vertu des articles 231, 232, et 139 du Code de J. M. » (Voir le jugement sous le n° 417.)

Notes. — Si les débats avaient apporté une modification dans le chef d'accusation, comme celle de faire considérer la désertion comme ayant eu lieu à l'intérieur, alors que l'accusation se basait sur un fait de désertion à l'étranger, il faudrait résoudre négativement la question résultant de l'ordre de mise en jugement et poser ensuite une question spéciale sur le fait tel qu'il se trouve modifié par les circonstances résultant des débats. (V. Foucher.)

Les délais pour la désertion sont ainsi fixés : six jours après celui de l'absence constatée, pour les militaires ayant plus de six mois de service, un mois pour les militaires n'ayant pas six mois de service; quinze jours pour les militaires en permission ou en congé. — En temps de guerre, les délais sont réduits de moitié. (Art. 231 et 234, J. M.)

494. — Abandon de son corps et désertion par un officier.

« N... est-il coupable de s'être absenté de son corps sans autorisation pendant dix jours?... (*ou* pendant plus de trois mois ?)

» N... est-il coupable de ne s'être pas présenté à son corps quinze jours après l'expiration de son congé ou de sa permission ?

» N... est-il coupable de s'être absenté de son corps *ou* de son poste sur un territoire en état de guerre ou de siége ? »

Art. 233 J. M. combiné avec l'art. 1er de la loi du 19 mai 1834 qui déclare que la destitution sera prononcée à l'égard de l'officier dont l'absence aura duré plus de trois mois. — En temps de guerre, les délais fixés par les art. 231 et 233 sont réduits de moitié. (Art. 234 J. M.)

495. Désertion à l'étranger.

(La loi fixe le délai unique de trois jours après celui de l'absence constatée pour la consommation du délit de désertion à l'étranger ; 235, J. M.) — Voir sous le nº 493, les observations relatives à l'état de *récidive*. — Voy. également, pour la position des questions, les formules indiquées sous le même numéro.

Art. 235 et 236 J. M. — Si le coupable est officier, art. 235 et 237 J. M.

Notes. — L'art. 136 du Code de J. M. prononce contre le déserteur à l'étranger une peine plus ou moins sévère, suivant que l'absence illégale a eu lieu en temps de paix, en temps de guerre ou d'un territoire en état de guerre ou de siége. Celles de ces circonstances qui tendent à aggraver la pénalité applicable, doivent toujours être soumises à l'appréciation des juges par une question séparée, ainsi que le prescrit l'art. 132 du Code de J. M., et le Conseil de guerre est tenu de statuer sur chacune de ces circonstances par des déclarations distinctes et séparées de celle relative au fait principal de désertion. Quant à apprécier si le prévenu a déserté antérieurement, c'est, comme il est dit sous le nº 493, un point qui doit être tenu pour certain et irrécusable, du moment qu'il est constaté par un précédent jugement de condamnation.

496. — Désertion à l'ennemi ou en présence de l'ennemi.

« N... est-il coupable d'avoir, le... à..., déserté à l'ennemi? »

Art. 238, J. M.

» N... est-il coupable d'avoir, le... à..., déserté en présence de l'ennemi ? »

Art. 239, J. M.

497. Désertion avec complot.

« N... est-il coupable d'avoir, le... à..., déserté à l'ennemi, ou en présence de l'ennemi, ou à l'étranger, ou à l'intérieur, etc. ?

» Cette désertion a-t-elle été effectuée de concert par plus de deux militaires ? »

(Dans le cas où la désertion aurait eu lieu à l'étranger ou à l'intérieur) :

« L'accusé était-il le chef du complot de désertion ? »

Art. 240 et 241, J. M.

498. Provocation à la désertion.

« N... est-il coupable d'avoir provoqué ou favorisé la désertion du nommé... ? »

Art. 242, J. M.

Note. — Aux termes de l'article 243 du Code de J. M., lorsqu'un militaire reconnu coupable de désertion est condamné par le même jugement pour un fait entraînant une peine plus grave, cette peine ne peut être réduite par l'admission de circonstances atténuantes. — Ainsi, celui qui est déclaré coupable de désertion et de vol envers un militaire, sera condamné à la réclusion; le coupable de désertion et de bris volontaire d'effets de casernement, d'armement, etc., sera condamné aux travaux publics; celui qui est reconnu coupable de désertion et d'abus de confiance, ne pourra non plus être l'objet de circonstances atténuantes, attendu que le délit de désertion qui entraîne la peine la plus grave (de deux à cinq ans, tandis que l'abus n'est puni que de deux mois à deux ans de prison), n'autorise pas leur admission.

SECTION 7. — VENTE, DÉTOURNEMENT, MISE EN GAGE ET RECEL DES EFFETS MILITAIRES.

---

499. Vente et achat d'effets.

1° « N... est-il coupable d'avoir, le... à..., vendu un pantalon faisant partie des effets d'habillement à lui confiés pour le service. ?

2° » N... est-il coupable d'avoir sciemment acheté au fusilier X... un pantalon d'ordonnance faisant partie des effets d'habillement confiés à ce dernier pour le service ? »

Art. 244. J. M.

(Un an à cinq ans de prison. — La peine est de six mois à un an, s'il s'agit d'effets de petit équipement.)

500. **Dissipation d'effets.**

« N... est-il coupable d'avoir, le... à..., dissipé un bonnet de police faisant partie des effets d'habillement à lui remis pour le service ?

» N..., acquitté du fait de désertion, a-t-il représenté le cheval qu'il avait emmené, ou telles armes, tels effets qu'il avait emportés ? » Art. 245 J. M.

(De six mois à deux ans de prison.)

Notes. — Aux termes d'un arrêt de cassation du 15 juillet 1858, cet article s'applique aux effets de grand comme aux effets de petit équipement, ce qui semble une anomalie, puisque l'article 244 ne punit la vente de ces derniers effets que de six mois à *un* an de prison. Ainsi, le délit de dissipation d'un effet de petit équipement qui est moins grave que la vente, est puni d'une peine plus forte.

On s'est demandé si les objets de literie appartenant à la compagnie soumissionnaire de ce service devaient être considérés comme effets fournis par l'Etat. Consulté à ce sujet, M. le ministre de la guerre a répondu, à la date du 26 décembre 1849, que l'affirmative n'était pas douteuse. « En effet, dit la lettre ministérielle, c'est toujours de l'Etat que les militaires tiennent ces effets, soit qu'ils proviennent directement de ses magasins, soit qu'ils leur aient été livrés par une entreprise chargée du service au moyen d'une adjudication. »

Donc le vol d'effets de literie et la vente ou la dissipation et la mise en gage de ces effets, lorsqu'ils sont confiés aux militaires pour le servive, tombent, selon le cas, sous l'application des articles 248, 244, 245 ou 246 du Code de Justice militaire.

501. **Mise en gage d'effets.**

« N... est-il coupable d'avoir, le... à... mis en gage chez le sieur X... un pantalon d'ordonnance faisant partie des effets d'habillement à lui confiés pour le service ?

Art. 246 J. M.

(De six mois à un an de prison. — La peine est de deux mois à six mois de prison s'il s'agit d'effets de petit équipement.)

Note. — Aux termes de l'article 247 du Code de J. M., tout individu qui achète, recèle ou reçoit en gage des effets ou objets militaires est puni par le tribunal compétent de la même peine que l'auteur du délit. La Cour de cassation a décidé (9 février 1837, 10 mars, 2 septembre 1836, 16 janvier 1841 et 16 février 1860) que le fait de vente et celui d'achat étaient deux délits distincts, et que les coupables, militaires et non militaires devaient être jugés par leurs tribunaux compétents.

SECTION 8. — CRIMES ET DÉLITS CONTRE LES PROPRIÉTÉS.

---

502. **Vol envers les militaires** (1)

« N... est-il coupable d'avoir, le... à..., volé une somme de... au préjudice de l'ordinaire de sa compagnie ?

» L'accusé a-t-il commis ce vol alors qu'il était comptable de ladite somme de... ?

(1) Aux termes de l'article 379 du Code ordinaire, quiconque a soustrait frauduleusement une chose qui ne lui appartient pas est coupable de vol. Les mots : *Soustraction frauduleuse* sont donc la définition du fait de *vol;* il s'ensuit que dans le libellé des questions, on peut indifféremment employer l'une ou l'autre de ces expressions. Toutefois, comme le mot vol est consacré par l'article 248 du Code de Justice militaire, il est plus rationnel de l'employer lorsque le Conseil de guerre est appelé à faire l'application des dispositions de cet article.

D'un autre côté, il est important de faire remarquer que le mot *soustraction* n'est synonyme de vol qu'autant qu'il est exprimé qu'elle est *frauduleuse.* Ainsi, lorsque la question sur laquelle le Conseil de guerre est appelé à statuer, constate seulement que l'accusé est coupable d'avoir soustrait des effets, il n'y a pas déclaration qu'il soit coupable de vol. (Arr. des 26 octobre 1815, 10 avril 1818, 20 juillet 1826.)

Trois éléments ou conditions sont nécessaires pour constituer le vol : il faut qu'une chose ait été soustraite, appréhendée (*contractatio*); que cette soustraction ait eu lieu frauduleusement, c'est-à-dire avec intention criminelle (*consilium fraudis*), enfin que la chose soustraite fût la propriété d'autrui. — Merlin, *Rép. et Quest.* — Chauveau et Hélie, t. V, p. 25.

Ou : » N... est-il coupable d'avoir, le... à... volé (désigner l'objet), au préjudice du nommé X... fusilier au même régiment? » — Art. 248 J. M. — *Circonst. attén.*

Vol envers l'habitant chez lequel le militaire est logé.

« N... est-il coupable d'avoir, le... à... volé.... (tel objet), au préjudice du xieur X... chez lequel il était logé ?

Art. 248 J. M. — *Circonstances atténuantes.*

Si la peine des travaux forcés ou celle de la réclusion est prononcée, l'accusé sera également condamné à la dégradation militaire et à la surveillance : Art. 19 (ou 21, si c'est la réclusion) 47 (surveillance), du Code pénal, et 189 J. M.

Voy. ce qui est dit, sous le n° 500, au sujet des effets de literie.

Notes. — Le vol commis au préjudice d'une cantinière par un militaire, rentre dans la catégorie des vols d'effets quelconques appartenant à des militaires. (Lettre ministérielle du 7 février 1854.) C'est donc l'art. 248 du Code de J. M. qui doit être appliqué.

Le Conseil de guerre devrait également s'appuyer sur l'art. 248 pour prononcer une condamnation contre un vaguemestre qui se serait rendu coupable de détournement ou de soustraction de lettres ou de valeurs qui lui auraient été confiées par l'administration des postes en raison de ses fonctions. — (Voy. les observations sous le n° 545.)

Le dernier § de l'art. 248 porte que les dispositions du Code pénal ordinaire sont applicables aux vols prévus par ledit article, toutes les fois qu'en raison des circonstances, les peines qui y sont portées sont plus fortes que les peines prescrites par le Code militaire. On pourrait, selon le cas, se reporter aux formules qui suivent, principalement en ce qui concerne les vols qualifiés.

503. **Vol envers un habitant.**

« N... est-il coupable d'avoir, le... à... soustrait frauduleusement (indiquer l'objet) au préjudice du sieur X... ? (1)

(1) Une seule question peut être posée relativement au vol de plusieurs objets, lorsque la soustraction a été commise au même lieu, dans le même

Art. 267 J. M. 379, 401 C. P. — (Voy. pour la *filouterie*, les observations sous le N° 507.)

1° *Si le vol a eu lieu sur un chemin public* : « Cette soustraction frauduleuse a-t-elle été commise sur un chemin public ? » Art. 383 C. P. (1).

2° *S'il y a eu menace de faire usage des armes :* « L'accusé a-t-il commis le crime avec menace de faire usage de ses armes ? » Art. 381, 5e §, 382. C. P.

3° *S'il y a eu violence :* « Cette soustraction frauduleuse a-t-elle été commise avec violence ? » Art. 381, 5e §, 382, 1er §, 385, 1er §, et, selon le cas, 256 C. P.

4e *Si la violence a laissé des traces de blessures et de contusions* : « Cette violence a-t-elle laissé des traces de blessures ou de contusions ? » Art. 382. C. P.

moment, par les mêmes personnes et à l'aide des mêmes circonstances. (Arr. du 20 avril 1838.)

Vol. — Objet perdu. — Appréhension frauduleuse. — L'individu qui, en appréhendant des objets perdus, a agi avec la résolution immédiatement prise de se les approprier, résolution prouvée par l'absence de démarches pour découvrir le propriétaire de ces objets, et plus tard par le refus de convenir qu'il les a trouvés, est avec raison, déclaré coupable de vol prévu par les articles 379 et 401 du Code pénal. (Arr. du 30 janvier 1862.)

« Les objets perdus, dit Dalloz (1862 p. 442), sont placés sous la sauvegarde de la foi publique et sous la protection des lois et réglements qui prescrivent aux particuliers qui les ont trouvés, ainsi qu'aux agents de l'autorité, diverses mesures dont l'exécution peut avoir pour effet de les faire rentrer en possession de leur véritable propriétaire Dérober à cette protection les objets qu'on trouve, et faire disparaître ainsi toutes les chances sur lesquelles le propriétaire aurait pu compter sans cet acte coupable, c'est, en réalité, l'arrêt ci-dessus le reconnaît avec raison, commettre une *soustraction frauduleuse.* »

Il a été jugé dans un sens conforme, que les objets (des billets de banque, par exemple) trouvés sur le parquet d'un appartement, rentrent sous l'autorité du maître de la maison, en attendant que le propriétaire en soit connu, et qu'ainsi le fait d'un tiers de s'en emparer constitue un véritable vol. (Arr. du 7 septembre 1855.)

(1) Les rues de villes et de faubourgs ne sont pas réputées chemins publics. (Arr. 6 avril 1815 et 7 avril 1865.)

5° *Si le vol a eu lieu dans un édifice consacré au culte* : « Cette soustraction frauduleuse a-t-elle été commise dans un édifice consacré à un culte légalement établi en France ? » Art. 386, 1er § C. P.

6° *Dans un lieu habité ou servant à l'habitation, ou dans un lieu réputé tel par les articles 390 et 392 du C. P.* : « Cette soustraction frauduleuse a-t-elle été commise dans une maison habitée?... ou dans un jardin dépendant d'une maison habitée, etc, ? » Art. 386 1er § C. P.

7° *Pendant la nuit* : « Cette soustraction frauduleuse a-t-elle été commise pendant la nuit ? » Art. 381, 1er §; 385, 1er §; 386, 1er § C. P.

8° *Par deux ou plusieurs personnes* : « Cette soustraction frauduleuse a-t-elle été commise par deux ou par plusieurs personnes ? » Art. 381, 2e § ; 385, 2e § ; 386, 1er §. C. P.

9° *Si le coupable était porteur d'armes apparentes ou cachées définies par l'article 101 du C. P.* : « Au moment du vol, l'accusé était-il porteur d'armes apparentes ou cachées ? » Art. 381, 3e §; 385, 3e §; 386, 2e § du C. P.

10° *Si le vol a été commis à l'aide d'un faux titre* : « Pour commettre cette soustraction frauduleuse, l'accusé a-t-il pris le titre, ou s'est-il revêtu de l'uniforme de tel fonctionnaire, ou a-t-il allégué un faux ordre de telle autorité ? » Art. 381, 384 C. P.

11° *S'il a eu lieu à l'aide d'effraction extérieure ou intérieure* (voir, pour la définition, les articles 390 à 396 du C. P.) : « Cette soustraction frauduleuse a-t-elle été commise à l'aide d'effraction extérieure, en brisant tel objet, pour s'introduire dans telle maison ou tout autre lieu clos ?

« A-t-elle eu lieu à l'aide d'effraction intérieure en forçant telle porte ou tel meuble ? » Art. 381, 384 C. P.

12° *Si les objets volés sont des caisses, boîtes, ballots sous toile et cordes* :

« N... est-il coupable d'avoir, le... à..., soustrait frauduleusement une caisse contenant tels objets, au préjudice de... Art. : 401 C. P.

» La soustraction frauduleuse de cette caisse fermée par une serrure, de ce ballot sous toile et cordes, a-t-elle été commise dans un lieu clos ? » Art. 384, 396 du C. P.

13° *Si le vol a eu lieu à l'aide d'escalade* : « Cette soustraction frauduleuse a-t-elle été commise à l'aide d'escalade dans un lieu clos, en franchissant tel mur servant de clôture? » Art. 381, 384 du C. P. (Voir l'art. 397 du C. P., pour la définition de l'escalade.)

Notes.—Pour qu'il y ait escalade, il faut que l'entrée ait eu lieu du dehors dans l'intérieur de la maison. (Arr. des 13 mai 1826, 12 août 1852.) — L'emploi d'une échelle pour atteindre un objet placé en dehors d'une maison ne constitue pas l'escalade. (Arr. 11 avril 1856.)

14° *Si le vol a eu lieu à l'aide de fausses clefs (Art. 398 du C. P.)* : « Cette soustraction frauduleuse a-t-elle été commise à l'aide d'une fausse clef, dans un lieu clos, en ouvrant une porte d'entrée, ou tel meuble contenant les objets volés ? » Art. 381, 384 du C. P.

Note. — Une clef perdue, égarée ou soustraite est une fausse clef. (Arr. 27 avril 1855.)

15° *Si le vol a eu lieu à l'aide de bris de scellés* : « Cette soustraction frauduleuse a-t-elle été commise dans un lieu clos, à l'aide du bris des scellés apposés par l'autorité publique ? » Art. 253, 256 C. P.

504. **Contrefaçon et altération de clefs.**

« N... est-il coupable d'avoir, le... à..., frauduleusement contrefait ou altéré des clefs ?

Si l'accusé est un serrurier : « L'accusé était-il alors serrurier de profession? » Art. 399 du C. P.

505. — Vol par un domestique ou un homme de service à gages.

1° « N... est-il coupable d'avoir, le... à..., soustrait frauduleusement tel objet au préjudice du sieur X ?

» Lors de cette soustraction, l'accusé était-il le domestique ou l'homme de service à gages du sieur X... ? »

Art. 386 C. P.

2° *Vol envers des personnes qui se trouvaient dans la maison de son maître* : « Cette soustraction frauduleuse a-t-elle été commise dans la maison du sieur.... dont l'accusé était alors domestique et chez qui la personne volée se trouvait ? Art. 386, 3e § C. P.

3° *Dans une maison où il accompagnait son maître* : « Cette soustraction frauduleuse a-t-elle été commise dans la maison du sieur... où l'accusé accompagnait le sieur X... dont il était alors le domestique ? » Art. 386 3e § C. P.

506.—Vol par un individu travaillant habituellement dans une maison.

« L'accusé, à cette époque, travaillait-il habituellement dans la maison où il a volé ? » Art. 336, 3e § du C. P.

Observations. — Les questions relatives aux circonstances aggravantes doivent renfermer les éléments constitutifs de ces circonstances. Par exemple, dans une question de vol, il ne suffirait pas que le Conseil de guerre eût déclaré que le vol a été commis à l'aide d'une effraction intérieure ou extérieure (Arr. des 27 nov. 1852 et 9 avril 1857); il faut indiquer la nature de l'effraction. De même, dans une question d'escalade, comme l'élément constitutif de cette circonstance aggravante est l'entrée dans un lieu clos effectuée et accomplie à l'aide de ce moyen, la question soumise aux juges doit déterminer le lieu et le mode d'introduction.

De la définition de l'article 393 du Code pénal découlent deux règles que la pratique ne doit pas perdre de vue : 1° l'effraction consiste dans la *rupture*, dans la fracture d'un objet quelconque; 2° l'objet fracturé doit avoir eu pour destination soit de *fermer*, soit *d'empêcher le passage*. — Chauveau et Hélie, t. 5, p. 199.

507. **Escroquerie.**

« N... est-il coupable d'avoir, le... à..., escroqué au préjudice du sieur... une somme de... à l'aide de manœuvres frauduleuses ayant pour objet de persuader audit... l'existence d'un crédit imaginaire, au moyen d'une obligation mensongère que le prévenu avait lui-même souscrite, et aux termes de laquelle un notaire d'Alençon était supposé lui devoir une somme de... ? »

Art. 405 C. P.

Observations. — Une question fort controversée est celle de savoir si le fait très-fréquent dans l'armée, de se faire servir dans une auberge certaines consommations et de ne point en payer le prix, constitue le délit de filouterie ou d'escroquerie. Diverses Cours impériales sont en contradiction sur ce point.

Le 5 mars 1840, la Cour de Bourges a rendu un arrêt aux termes duquel l'individu qui se fait servir à boire et à manger dans une auberge ou chez un restaurateur, sans avoir de quoi payer, ne commet ni un vol ni une escroquerie dans le sens des art. 401 et 405 du C. P.

A son tour la Cour de Bordeaux (chambre des appels en matière correctionnelle), a rendu, le 25 novembre 1841, un arrêt aux termes duquel l'individu qui se fait servir à boire et à manger dans une auberge, sans avoir de quoi payer, ne commet ni une escroquerie ni un vol, alors même que, pour se soustraire aux réclamations de l'aubergiste qui veut s'opposer à sa sortie, il prend une fausse qualité dans le but d'inspirer à celui-ci de la confiance sur le paiement de la consommation qu'il a faite. (Affaire Antoine Arnaud et Jean Grégoire. — *Recueil général des Lois et Arrêts* par M. L. M. Devilleneuve.)

Mais la Cour de Metz a jugé dans le sens contraire aux deux arrêts que nous venons d'indiquer.

D'après un arrêt en date du 12 novembre 1859, « le simple fait de » demander et de consommer de la nourriture dans une auberge, » sans avoir le moyen de la payer, constitue le délit d'escroquerie

» puni par l'article 405 du Code pénal, ou tout au moins un vol ou » une filouterie dans le sens de l'art. 401 du même Code. »

Ainsi jugé dans l'affaire d'un nommé Lemaire, qui s'étant présenté dans une auberge, où il n'était point connu et ne pouvait espérer aucun crédit, se fit servir des aliments et de la boisson qu'il consomma sur place et dont il ne paya pas le prix.

La Cour, réformant le jugement de première instance, qui avait renvoyé Lemaire de la poursuite, l'a déclaré coupable de filouterie.

Cette jurisprudence est généralement adoptée par les Conseils de guerre. V. Foucher, dans son *Commentaire*, page 798, reporte également ce délit à l'art. 401 du Code pénal, en recommandant expressément aux juges de constater la *fraude* dans leurs déclarations, attendu que cette circonstance est un des caractères constitutifs du délit de larcin ou de filouterie. Voici, dans ce cas, comment pourrait être formulée la question :

« N... est-il coupable de filouterie, pour avoir, le... à... pris par » fraude et sans payer, à boire et à manger, pour une somme de... » chez N..., aubergiste? » — Art. 267, J. M. 401, C. P.

Je crois pouvoir ajouter que le fait prendrait incontestablement le caractère d'escroquerie si des manœuvres frauduleuses pour persuader l'existence de fausses entreprises, d'un pouvoir ou d'un crédit imaginaire, ou pour faire naître l'espérance ou la crainte d'un succès, d'un accident, ou de tout autre événement chimérique, avaient été pratiquées envers l'aubergiste, et alors les dispositions de l'article 405 du Code pénal seraient applicables.

Dans l'espèce, on pourrait, en la modifiant selon les circonstances, poser la question en ces termes :

« N... est-il coupable d'avoir, le... à..., en persuadant frauduleuse- » ment au sieur X... aubergiste, soit par le paiement d'une consom- » mation préalablement faite, soit en disant qu'il arrivait de tel endroit » et qu'il avait telle somme à dépenser, qu'il avait une solvabilité ou » un crédit qui n'était en réalité qu'imaginaire, obtenu dudit sieur » X... la remise d'aliments d'une valeur de...? »

Un autre délit qui tombe ordinairement sous l'application de l'art. 401 du Code pénal (filouterie), et qui est réprimé dans certains cas, par l'art. 405 du même Code (escroquerie), c'est la tricherie au jeu. La Cour de cassation, par un arrêt du 6 juillet 1866, vient de décider que la tricherie au jeu peut être punie comme escroquerie, lorsque l'arrêt de condamnation relève des actes extérieurs, tels qu'addition ou retranchement de quelques cartes, qui sont des manœuvres frauduleuses persuadant faussement qu'il y a jeu loyal et chances égales.

508. **Abus de confiance.**

« N... est-il coupable d'avoir, le... à..., détourné ou dissipé au préjudice du sieur... qui en était propriétaire, possesseur ou détenteur, tels objets (indiquer si ce sont des effets, deniers, marchandises, billets, quittances ou autres écrits, contenant ou opérant obligation ou décharge) qui ne lui avaient été remis qu'à titre de louage, de dépôt, de mandat, ou pour un travail salarié ou non salarié, à la charge de les rendre ou d'en faire un emploi déterminé? »

Art. 408, 1er § 406 du C. P.

2° *Si l'accusé est domestique, homme de service à gages, etc.* : « A cette époque, l'accusé était-il le domestique, l'homme de service à gages, l'élève, le clerc, le commis, l'ouvrier, le compagnon ou l'apprenti du sieur... ? »

Art. 408, 2e § du C. P.

509. **Dépouillement d'un blessé.**

« N... est-il coupable d'avoir, le... à..., (ou : sur le champ de bataille de...) dépouillé un blessé français, ennemi ou étranger ?

» L'accusé, pour dépouiller ledit blessé, a-t-il fait à ce dernier de nouvelles blessures ? »

Art. 249 J. M.

(La solution affirmative des deux questions entraîne la peine de mort. — Le crime prévu par la 1re question seulement, est puni de la réclusion avec les peines accessoires de la dégradation militaire et de la surveillance. — Art. 249, J. M., 21, 47, du C. P., et 189, J. M.)

510. **Pillage.**

« N... est-il coupable d'avoir, le... à..., pillé, dévasté

des denrées, marchandises ou effets (indiquer sur quels objets porte le pillage) ? »

» Ledit pillage a-t-il été commis en bande ?

» A-t-il eu lieu avec armes ?

» A-t-il eu lieu à force ouverte ?

» A-t-il eu lieu avec bris de portes et de telles autres clôtures extérieures ?

» A-t-il eu lieu avec violences envers les personnes ?

» N... est-il coupable d'avoir été l'instigateur du pillage ou dégât des denrées, marchandises ou effets commis tel jour, dans tel endroit, en bande et à force ouverte ?

» N... était-il le plus élevé en grade ? »

Art. 250, 189 J. M.

Note. — Le rassemblement de trois personnes suffit pour constituer une bande. (Arr. du 5 avril 1832.)

511. **Incendie.**

« N... est-il coupable d'avoir, le... à..., volontairement mis le feu à tel édifice, ou à tel bâtiment, etc., à l'usage de l'armée ? » Art. 251, 189 J. M.

512. — **Incendie dans des bâtiments appartenant à des habitants.**

« N... est-il coupable d'avoir, le... à..., volontairement mis le feu à tel édifice appartenant au sieur ? — Art. 434 — 3e § C. P.

» Cet édifice était-il habité, destiné à l'habitation, ou dépendant d'une maison habitée ? » Art. 434, 1er § C. P.

Si l'édifice servait à des réunions de citoyens : « Cet édifice servait-il à des réunions de citoyens ? » Art. 434 1er § C. P.

Si l'incendie a causé la mort de quelqu'un : « Cet incendie a-t-il causé la mort de... se trouvant dans les lieux incendiés au moment où il a éclaté ? » Art. 434, 8e § C. P.

513. — Incendie d'édifices, etc., appartenant à l'accusé.

« N... est-il coupable d'avoir, le... à..., volontairement mis le feu à un édifice qui lui appartenait, et d'avoir, de cette manière, causé volontairement un préjudice à un tel ? » Art. 434, 4e § C. P.

Si les édifices appartenant à l'accusé sont habités :

« N... est-il coupable d'avoir, le... à..., volontairement mis le feu à un édifice qui lui appartenait, édifice qui était habité ou servait à l'habitation ? » Art. 434, 1er § C. P.

514. — Incendie de forêts, bois taillis ou récoltes sur pied appartenant à autrui.

« N... est-il coupable d'avoir, le... à..., volontairement mis le feu à des forêts, à des bois taillis ou à des récoltes sur pied, appartenant à un tel ? » Art. 434 5e § C. P.

S'il a causé la mort de quelqu'un : « Cet incendie a-t-il causé la mort de... se trouvant dans les lieux incendiés au moment où il a éclaté ? » Art. 434, 8e § C. P.

515.—Incendie de forêts, bois, etc., appartenant à l'accusé s'il y a eu préjudice pour autrui.

« N... est-il coupable d'avoir, le... à..., volontairement mis le feu à des forêts, à des bois taillis ou à des récoltes sur pied qui lui appartenaient, et d'avoir, de cette manière, causé volontairement un préjudice à un tel ? » — Art. 434 4e § C. P.

S'il a causé la mort de quelqu'un : « N... est-il coupable d'avoir, le... à..., volontairement mis le feu à des forêts, à des bois taillis ou à des récoltes sur pied qui lui appartenaient, incendie qui a causé la mort de... se trouvant dans les lieux incendiés au moment où il a éclaté ? » Art. 434, 8e § C. P.

516. **Menace d'incendie.**

« N... est-il coupable d'avoir, le... à..., par un écrit anonyme (ou par un écrit signé), menacé le sieur... d'incendier son habitation (ou telle propriété) ?

» Cette menace a-t-elle été accompagnée de tel ordre ou de telle condition ? » — Art. 436 C. P.

(Voir les notes sous le n° 468, *Menaces d'assassinat.*)

517. **Dévastation d'édifices, bâtiments, etc.**

« N... est-il coupable d'avoir, le... à..., volontairement détruit ou dévasté tel édifice, bâtiment, etc., à l'usage de l'armée? » Art. 252 J. M. — *Circonstances atténuantes.*

La peine est celle des travaux forcés, ou, dans le cas de circonstances atténuantes, celle de la réclusion ou de l'emprisonnement de 2 à 5 ans. Dans les deux premiers cas, on appliquerait les art. 252, J. M., 19 (ou 21), 47, du C. P., et 189, du C. de J. M.

Note. — Il n'est pas nécessaire d'indiquer par quel moyen la destruction ou la dévastation a eu lieu, dès l'instant qu'elle n'a pas été occasionnée par l'incendie ou par l'explosion d'une mine.

518.— **Destruction de moyens de défense, vivres, munitions, etc., en présence de l'ennemi.**

« N... a-t-il, le... à..., détruit ou fait détruire, dans un but coupable, tels moyens de défense, tel matériel ou tel approvisionnement ?

» L'accusé a-t-il commis ce crime en présence de l'ennemi ? » Art. 253, 189 J. M.

519.—Bris et destruction d'effets d'armement, d'habillement, de casernement, etc. — Bris de clôture.

« N... est-il coupable d'avoir, le... à..., volontairement brisé le fusil appartenant à l'Etat, qui lui était confié pour le service ? »

Ou : « N... est-il coupable d'avoir, le... à..., volontairement détruit ou brisé tels effets faisant partie des objets d'armement, de campement, de casernement, d'équipement ou d'habillement, appartenant à l'Etat, qui lui étaient confiés pour le service, ou qui étaient à l'usage d'autres militaires ? »

Ou : « N... est-il coupable d'avoir, le... à..., estropié un cheval ou telle bête de trait ou de somme employée au service de l'armée ? »

Art. 254 J. M. — *Circonst. atténuantes.*

Notes. — L'article 254 ne s'applique pas au bris volontaire de portes, fenêtres, châssis, carreaux de vitres d'une caserne ou d'une salle quelconque de discipline. Lorsqu'il y a lieu d'apprécier et de punir des faits de cette nature, on doit recourir à l'article 456 du Code pénal ordinaire. La Cour de cassation, par ses arrêts des 31 janvier 1822, 4 octobre 1827, 7 avril 1831, 21 mars 1833 et 9 juillet 1841, a décidé que le bris volontaire de châssis ou carreaux de vitre d'une fenêtre, soit qu'il ait eu lieu de l'intérieur à l'extérieur, ou de l'extérieur à l'intérieur, constitue le délit de bris de clôture prévu par l'art. 456 en question, alors même que la croisée brisée se trouverait située à l'intérieur d'une propriété close (telle qu'une salle de police, par exemple); parce que, même dans ce cas, la croisée forme une seconde clôture à l'égard des cours ou terrains sur lesquels elle est établie. — Les portes, fenêtres, châssis, etc., faisant partie des constructions, ne peuvent être considérés comme des effets mobiliers.

Si les dégradations portaient sur toute autre partie du bâtiment lui-même, on ferait au coupable l'application de l'art. 257 du C. P.

Les questions, dans les deux cas, pourraient être formulées ainsi :

1° « N... est-il coupable d'avoir, le... à..., brisé des

carreaux de vitres, ou une porte, ou un châssis, etc., servant de clôture à l'établissement du sieur... cafetier (ou : servant de clôture à telle salle de discipline, ou telle caserne, ou tel établissement militaire)? » Art. 267 J. M., 456 C. P.

2° » N... est-il coupable d'avoir, le... à..., détruit, abattu, mutilé ou dégradé tels monuments, statues et autres objets destinés à l'utilité ou à la décoration publique et élevés par l'autorité publique ou avec son autorisation? Ou : Est-il coupable d'avoir, le... à..., détruit ou dégradé telle partie de tel bâtiment militaire, caserne, etc. ? »

Art. 267 J. M., 257 du C. P.

Les articles 456 et 257 infligent, indépendamment de l'emprisonnement, une amende dont le coupable ne doit être exonéré que par l'admission de circonstances atténuantes autorisées par l'article 463 dont il faut faire une application formelle. Si le Conseil n'admettait point ces circonstances, il pourrait convertir l'amende en emprisonnement, aux termes de l'art. 195 du Code de J. M. (Voir la formule sous le n° 417, pag. 96.)

520.—Destruction des registres, etc., de l'autorité Mre.

« N... est-il coupable d'avoir, le... à..., volontairement détruit, brisé, ou lacéré tel registre, telles pièces de comptabilité, ou tels actes de l'autorité militaire ? »

Art. 255 J. M. — *Circonst. atténuantes.*

Si les circonstances atténuantes ne sont pas admises, la peine édictée étant la réclusion, on appliquera les articles 255, J. M., 21, 47 du C. P., et 189, J. M.

SECTION 9. — Faux. — Faux témoignage.

---

521. Faux en matière d'administration militaire.

« N... est-il coupable d'avoir, le... à..., commis un faux

en matière d'administration militaire, en portant sur le relevé des recettes et dépenses du 3e trimestre 1865 de la 1re compagnie de cavaliers de remonte, et à l'insu de l'officier commandant, un excédant de recettes autre que celui pour lequel cet état avait été soumis à la signature dudit officier ? »

Ou : « N... est-il coupable d'avoir, le... à..., commis un faux en matière d'administration militaire, en rétablissant, après avoir anéanti la minute, le relevé des recettes et dépenses du 3e trimestre 1865 de son détachement, sur lequel il a porté, à l'insu de l'officier commandant, un excédant de recettes autre que celui pour lequel la minute avait été soumise à la signature dudit officier ? »

Ou : « N... est-il coupable d'avoir, le... à..., exagéré sur le livret d'ordinaire de sa compagnie, le montant des consommations, en augmentant sciemment de 12 kilogrammes de viande de bœuf les quantités portées aux journées du 1er au 8 juillet inclus, et dont il se serait frauduleusement approprié le montant ? »

Ou : « N... est-il coupable d'avoir, le... à..., exagéré sur le bon de pain de sa compagnie, pour les journées du 1er au 4 juillet 1865, le montant des consommations, en augmentant sciemment de 136 rations de pain les quantités qui devaient y être réellement portées, et d'avoir, au pied dudit bon, fabriqué ou fait fabriquer une signature *Bernard,* supposée être la signature de M. le capitaine Bernard, commandant la 2e compagnie du 1er bataillon du 30e de ligne, et ce, de la part de l'accusé N..., dans le but de s'approprier le montant des rations énoncées audit bon ? »

Art. 257 J. M.

Circonstances att. : — (Sans circonstances atténuantes, la peine est celle des travaux forcés à temps. — Avec admission de circonstances atténuantes, c'est la réclusion ou l'emprisonnement. — Dans les deux premiers cas, art. 257, J. M., 19 (ou 21), 47, du C. P. et 139, J. M.)

522. **Faux en écriture privée.**

« N... est-il coupable d'avoir, le... à..., fabriqué ou fait fabriquer sur le registre servant à l'enregistrement des expéditions du chemin de fer de Paris à Lyon, la fausse signature *Gigon*, supposée être celle du nommé Gigon, fusilier au 70e de ligne, et ce, de la part de l'accusé N... dans le but de se faire remettre, pour se les approprier, tels objets ? »

Ou : « N... est-il coupable d'avoir, le... à..., commis un faux dans tel acte (indiquer la nature de l'acte), soit par contrefaçon ou altération d'écritures ou de signatures, soit par fabrication de conventions, dispositions, obligations ou décharges, ou par leur insertion après coup dans cet acte, — soit par addition ou altération de clauses, de déclarations ou de faits que cet acte avait pour objet de recevoir et de constater ? »

Ou : « N... est-il coupable d'avoir, le... à..., frauduleusement apposé telle signature au bas de tel écrit, par lequel le signataire était censé, etc.; d'avoir, en substituant telle somme ou telle mention à telle autre qui était originairement exprimée, frauduleusement altéré tel écrit, etc.? »

« N... est-il coupable d'avoir sciemment fait usage de la pièce fausse précédemment énoncée ? »

Art. 150, 147 et 164 du C. P.

523. **Faux en écriture de commerce ou de banque.**

(Voir les formules sous le n° 522.)

Art. 147, 164 C. P.

524. **Faux en écriture authentique et publique.**

« N... est-il coupable d'avoir, dans un mandat portant

le n° 198, détaché du registre à souche du bureau de l'administration des Postes de... et dont l'usage est de constater les versements faits par les particuliers, frauduleusement passé, sous la date du... des écritures constatant faussement que, ledit jour, le sieur MAGUIN, receveur dudit bureau de... a versé à la caisse une somme de 200 fr. pour être payée au sieur HARDON, demeurant à Caen, et d'avoir, au pied du mandat dont il vient d'être parlé, fabriqué ou fait fabriquer une signature MAGUIN, supposée être la signature du sieur MAGUIN, qualifié ci-dessus, et ce, de la part de l'accusé N..., dans le but de se créer le moyen d'obtenir indûment le versement des deux cents francs énoncés au mandat soit au bureau de Caen, soit dans tout autre bureau ? »

Art. 147, 164 du C. P. — 463 du Code d'Instruction criminelle.

Notes. — Les trois caractères du crime de faux sont : la fabrication matérielle d'un faux, l'intention de tromper et l'éventualité d'un préjudice. (Arr. 12 septembre 1839.) — La question de savoir si le faux a causé ou a pu causer un préjudice, est substantielle de la criminalité. (Arr. 30 mai 1850.) — Pour la criminalité, il ne suffit pas qu'il y ait eu intention coupable de la part de l'auteur, il faut encore que le fait soit de nature à porter préjudice à autrui ; et si ce caractère dommageable ne résulte pas nécessairement de la nature de la pièce fausse, il doit ressortir des questions posées au Conseil. (Arr. 20 janvier 1837, 30 mai 1856.)

Le non usage d'une pièce fausse par celui qui l'a fabriquée, n'exclut pas le crime qui se commet par la fabrication de cette pièce ; la loi a distingué les deux faits et les a punis séparément. (Arr. 21 mars 1834.)

Il ne faut pas demander au jury si l'accusé est coupable de faux en écriture privée, en écriture de commerce ou de banque, ou en écriture authentique et publique : c'est là une question de droit. (Arr. 1er avril 1826 et 20 avril 1827.)

La simple apposition d'une croix à la suite d'un billet, ne constitue pas un faux. (Arr. 1er juin 1827.)

La fabrication de lettres missives fausses constitue le crime de faux, lorsqu'elles ont pour but de nuire à autrui (arr. 9 septembre 1830) ;

mais la question doit s'expliquer sur le préjudice. (Arr. 20 janvier 1837, 3 janvier 1846.) Il suffit que les fausses lettres, ou que le faux écrit puissent nuire à la réputation. (Arr. 18 novembre 1852, 3 décembre 1859.)

Il y a faux en écriture de commerce de la part de celui qui, sur un billet conçu valeur en marchandises, appose la fausse signature d'un individu qualifié fabricant. (Arr. 28 janvier 1853.)

L'article 147 est applicable à celui qui signe de fausses signatures de commerçants, des lettres adressées à d'autres commerçants pour en obtenir des livraisons de marchandises. (Arr. 15 juin 1827.)

La lettre de change constitue un acte de commerce, indépendamment de l'opération et de la qualité du souscripteur. (Arr. 24 août 1843.) Dans la question il faut poser les faits d'où résulte le caractère de lettre de change. (Arr. 4 septembre 1840, 10 octobre 1856.)

Il y a faux en écriture authentique et publique : — De la part de celui qui appose de fausses signatures sur les registres des Postes (arr. 22 avril 1842), ou sur un mandat du Trésor ; (Arr. 29 juillet 1852.)

— De la part de celui qui, pour obtenir la décoration, fabrique de faux états de services ; (Arr. 1er octobre 1824.)

— De la part de celui qui se fait condamner sous le nom d'un autre (arr. des 12 avril 1855, 1er juillet 1858) ; qui se présente sous un faux nom pour subir un emprisonnement ; (Arr. 10 janvier 1827.)

— De la part de celui qui, pour échapper au recrutement, produit un faux acte de notoriété. (Arr. 5 juilet 1855.)

Un faux est punissable lors même que l'acte argué de faux serait nul pour vice de forme. (Arr. 13 octobre 1848.)

L'article 147 suppose l'altération d'un acte pouvant être la base d'une action ou d'un droit ; ainsi, pas de faux dans la copie mensongère d'un acte notarié placée en tête d'un exploit. (Arr. 2 septembre 1813.)

Le faussaire doit être condamné à l'amende de l'art. 164, malgré la déclaration de circonstances atténuantes. (Arr. 4 juin 1855.)

Et si la Cour n'applique pas le minimum, elle doit, dans son arrêt, établir le chiffre des bénéfices illégitimes, à moins que ce chiffre ne ressorte de la réponse du jury. (Arr. 13 mars 1856.)

L'art. 195 du Code de Justice militaire autorise le juge à remplacer l'amende par un emprisonnement de six jours à six mois, même en cas de condamnation pour faux. (Voir nos 293 et 294.)

525. — Usage de faux poids et de fausses mesures.

« N... est-il coupable d'avoir, le... à..., au préjudice de..., sciemment fait usage, dans son service, de tels faux poids ou de telles fausses mesures? » Art. 258, J. M.

526. — **Contrefaçon des sceaux, timbres ou marques militaires.**

« N... est-il coupable d'avoir, le... à..., contrefait tel sceau, tel timbre, ou telles marques militaires, destinés à être apposés soit sur tels actes ou telles pièces authentiques relatifs au service militaire, soit sur tels effets ou objets quelconques appartenant à l'armée? » Art. 259, J. M., 21, 47, C. P. et 189, J. M.

Ou : « N... est-il coupable d'avoir, le... à..., sciemment fait usage de tel sceau, tel timbre, etc., etc.? » Art. 259, J. M., 21, 47, C. P. 189, J. M.

Ou : « N... est-il coupable d'avoir, le... à..., tenté de contrefaire tel sceau, tel timbre, etc..., tentative manifestée par un commencement d'exécution, et qui n'a manqué son effet que par des circonstances indépendantes de la volonté de son auteur? » Art. 202, 259, J. M., 21, 47, C. P., 189, J. M.

Note. — Bien que la peine édictée par l'art 259 soit la réclusion, l'admission des circonstances atténuantes n'est pas autorisée.

527. — **Usage frauduleux des vrais sceaux, timbres, etc.**

« N... est-il coupable d'avoir, le... à..., au préjudice de..., frauduleusement fait usage de tel vrai timbre, de tel vrai sceau, etc., ayant telle destination, timbre, ou sceau qu'il s'est procuré? » Art. 260, J. M.

Ou : « N... est-il coupable d'avoir, le... à..., au préjudice de..., tenté de faire un usage frauduleux de tel vrai timbre, ayant telle destination, timbre qu'il s'est procuré, tentative manifestée, etc. (comme il est dit sous le n° 526)? » Art. 202, 260, J. M.

528. — Timbres-poste. — Usage de timbres-poste ayant déjà servi.

« N... est-il coupable d'avoir, le... à..., sciemment fait usage d'un timbre-poste ayant déjà servi à l'affranchissement d'une lettre ? » Art. 267, J. M.—Loi du 16 octobre 1849.

529. — Fausse-monnaie. — Contrefaçon de monnaies d'or ou d'argent.

« N... est-il coupable d'avoir, le... à..., frauduleusement contrefait ou altéré telles pièces, monnaie d'or, ou monnaie d'argent, ayant cours légal en France ? » Art. 132, 164, C. P.

Note. — Le faussaire doit être condamné à l'amende de l'art. 164 du Code pénal, à moins de convertir l'amende en emprisonnement. (Art. 195 du Code de J. M.) — (Voir la formule sous le n° 417.)

530. — Emission de fausse monnaie d'or ou d'argent.

« N... est-il coupable d'avoir, le... à..., frauduleusement participé à l'émission, à l'exposition ou à l'introduction sur le territoire français de telles pièces contrefaites ou altérées, monnaie d'or ou d'argent ayant cours légal en France ? » Art. 132, 164, C. P.

(L'amende est applicable comme au faussaire.)

531. — Contrefaçon de monnaies de billon ou de cuivre.

« N... est-il coupable d'avoir, le... à..., frauduleusement contrefait ou altéré telles pièces, monnaie de billon ou de cuivre, ayant cours légal en France? » Art. 133, 164, C. P.

532. — Emission de monnaies de billon ou de cuivre.

« N... est-il coupable d'avoir, le... à..., frauduleusement

participé à l'émission, à l'exposition ou à l'introduction sur le territoire français de telles pièces contrefaites ou altérées, monnaie de billon ou de cuivre, ayant cours légal en France ?» Art. 133, 164, C. P.

533. Contrefaçon de monnaies étrangères.

« N... est-il coupable d'avoir, le... à..., sur le territoire français, frauduleusement contrefait ou altéré telle monnaie étrangère, ayant cours légal en tel pays étranger ? » Art. 134, 164, C. P.

534. — Emission en France de monnaies étrangères.

« N... est-il coupable d'avoir, le... à..., frauduleusement participé à l'émission, à l'exposition ou à l'introduction sur le territoire français de telle monnaie étrangère contrefaite ou altérée, ayant cours légal en tel pays étranger ? » Art. 134, 164, C. P.

535. — Question d'excuse pour les cas de contrefaçon.

« N... a-t-il reçu pour bonnes les dites pièces fausses dont il a fait usage après en avoir vérifié ou fait vérifier les vices ? » Art. 135 du C. P.

Note. — Cette question ne peut être posée que dans les trois cas de contrefaçon indiqués sous les nos 529, 531 et 533.

536.—Question d'excuse pour les cas de contrefaçon et d'émission de monnaies ayant cours légal en France.

« L'accusé, avant la consommation du crime et avant toutes poursuites, en a-t-il donné connaissance et en a-t-il révélé les auteurs aux autorités constituées ?

» L'accusé a-t-il, après les poursuites commencées, procuré l'arrestation des autres coupables? » Art. 138 du C. P.

Notes. — Le fait, par un individu accusé de fausse monnaie, d'avoir procuré, même après la poursuite commencée, l'arrestation d'un autre coupable, constitue une excuse légale. (Arr. des 28 juin 1839 et 22 juillet 1847.) — Le Conseil ne peut refuser de poser la question d'excuse. (Arr. 24 septembre 1857.)

537. **Faux témoignage en matière criminelle.**

« N... est-il coupable d'avoir, le... à..., fait un faux témoignage en matière criminelle contre le nommé... ou en faveur du nommé..., accusé de...? » Art. 361, 364 — 3e § du C. P.

Note. — Il y a faux témoignage en matière criminelle, lors même qu'il n'y a eu condamnation qu'à une peine correctionnelle. (Arr. 24 août 1854.)

538. **Faux témoignage en matière correctionnelle.**

« N... est-il coupable d'avoir, le... à..., fait un faux témoignage en matière correctionnelle contre le nommé... ou en faveur du nommé..., prévenu de...? » Art. 362, 364 5e § C. P.

S'il y a eu dons ou promesses : « L'accusé, pour commettre cette action, a-t-il reçu de l'argent, une récompense quelconque ou des promesses? » Art. 364 C. P.

Note. — Cette circonstance est aggravante et doit être posée séparément. (Arr. 24 août 1854.)

539. **Faux témoignage en matière de police.**

« N... est-il coupable d'avoir, le... à..., fait un faux témoignage en matière de police contre le nommé... ou en faveur du nommé..., inculpé de... ? » Art. 362, 364, 3e § C. P.

S'il y a eu dons ou promesses : « L'accusé, pour commettre cette action, a-t-il reçu de l'argent, une récompense quelconque ou des promesses ? » Art. 364.

540. **Subornation de témoins.**

« N... est-il coupable d'avoir, le... à..., suborné le nommé.... qui, le... à..., a fait un faux témoignage en matière criminelle, correctionnelle ou de police, contre ou en faveur du nommé...., accusé, prévenu ou inculpé de... ? » Art. 365 C. P.

S'il y a eu dons ou promesses : « L'accusé a-t-il donné au nommé... soit de l'argent, soit une récompense quelconque ou des promesses ? » Art. 364 C. P.

Notes. — Cette circonstance n'est aggravante que par le faux témoignage en matière correctionnelle ou de police ; elle ne l'est point en matière criminelle.

La subornation de témoins est un crime *sui generis* qui existe indépendamment des circonstances constitutives de la complicité ordinaire, spécifiées en l'art. 60 du C. P. (Arr. 6 janvier 1859.) — Pour qu'il y ait subornation, il faut qu'il soit judiciairement constaté qu'il y a eu faux témoignage. (Arr. 29 novembre 1851.)

L'acquittement de l'accusé de faux témoignage ne fait pas obstacle à la condamnation du suborneur (arr. 2 juillet 1857) ; mais il faut, pour justifier cette condamnation, que le jury ait répondu affirmativement sur le fait d'une déposition mensongère émise à l'audience, soit contre le prévenu, soit en sa faveur. (Arr. 26 avril 1851.)

SECTION 10. — CORRUPTION ET PRÉVARICATION DES FONCTIONNAIRES.

541. **Corruption des fonctionnaires.**

« N... est-il coupable d'avoir, le... à..., en sa qualité de..., agréé des offres ou promesses, reçu des dons ou présents, pour faire telle chose, acte de sa fonction ou de son emploi non sujet à salaire, — ou pour s'abstenir de faire telle chose, acte qui entrait dans l'ordre de ses devoirs ? » Art. 261 J. M. 177 du C. P. (Cir. att.)

542. **Corruption et contrainte à l'égard des fonctionnaires.**

N... est-il coupable d'avoir, le... à..., contraint par voies de fait ou menaces, ou corrompu par promesses, offres ou dons le sieur... (indiquer la fonction) pour obtenir de lui qu'il fît telle chose, acte de sa fonction ? » Art. 261 J. M., 179 C. P. (Cir. att.)

S'il y a eu tentative. — Quand il n'y a que tentative de contrainte ou de corruption, il faut, après avoir posé la question, demander si la tentative a été suivie d'un effet; le défaut d'effet, d'après le 4e § de l'art. 261 du Code de J. M., modifiant la peine. — La question serait celle-ci :

« N... est-il coupable d'avoir, le... à..., tenté de contraindre par voies de fait ou menaces, *ou* tenté de corrompre par promesses, offres ou dons le sieur... (indiquer la fonction) pour obtenir de lui qu'il fît telle chose, acte de sa fonction, tentative manifestée par un commencement d'exécution, et qui n'a manqué son effet que par des circonstances indépendantes de la volonté de son auteur ? » Art. 261 J. M., 179 C. P. (Cir. att.)

Notes. — La tentative de corruption non suivie d'effet à l'égard du chirurgien du Conseil de révision, tombe sous l'application de l'art. 179 du Code pénal ordinaire.

Les peines prononcées par les articles 41, 43 et 44 de la loi du 21 mars 1832, sur le recrutement de l'armée, sont applicables aux tentatives des délits prévus par ces articles, quelle que soit la juridiction appelée à en connaître.

Dans le cas prévu par l'art. 45 de la même loi, ceux qui ont fait les dons ou promesses, sont punis des peines portées par ledit article contre les médecins, chirurgiens ou officiers de santé.

L'art. 41 s'occupe des moyens employés pour se rendre impropre au service, et atteint les auteurs de ces délits aussi bien que leurs complices.

L'art. 43 punit les manœuvres qui ont pour objet d'arriver à une substitution ou à un remplacement frauduleux.

L'art. 44 réprime les actes illicites des maires et autres officiers publics civils et militaires, en matière de recrutement.

L'art. 45 concerne les médecins qui reçoivent des dons, ou agréent des promesses pour être favorables aux jeunes gens appelés devant le Conseil de révision.

La tentative de corruption exercée sans effet par un militaire envers les médecins du corps dont il fait partie, est passible des peines édictées par l'art. 261 du Code de J. M.

L'acquittement du corrupteur ne met pas obstacle à la confiscation de l'objet donné au fonctionnaire corrompu. (Arr. 10 août 1854.)

Les bureaux du capitaine major d'un régiment forment une administration publique dans le sens de l'article 177 du Code pénal, et dès lors, les secrétaires de ces bureaux qui reçoivent des dons, etc., pour faire des actes de leurs fonctions non sujets à salaire, se rendent coupables du crime de corruption prévu par l'art. 261.

Lorsqu'un officier de recrutement reçoit des dons de la part des jeunes soldats ou de ceux faisant partie du dépôt auquel il est attaché, il y a présomption légale qu'il a reçu ces présents à raison de ses fonctions, et cette présomption ne peut être détruite qu'autant qu'il serait établi que les présents ont été donnés pour une autre cause. (Arr. 7 janvier 1808.)

543. Médecins militaires, — fausse attestation.

« N... est-il coupable d'avoir, le... à..., dans l'exercice de ses fonctions de..., certifié ou dissimulé faussement l'existence de telles maladies ou infirmités chez tel individu, et ce dans le but de favoriser ce dernier ou telle autre personne?

Circonst. aggr. — *S'il y a eu dons ou promesses* : « L'accusé, pour commettre cette action, a-t-il reçu des dons ou promesses quelconques? »

Corruption à l'égard des médecins militaires : « N... est-il coupable d'avoir, le... à..., corrompu par dons ou promesses le sieur... (indiquer la fonction), pour obtenir de lui qu'il fît telle chose? » Art. 262 J. M.

Note. — Cet article s'applique à tous les actes des médecins militaires qui ont pour objet de certifier faussement ou de dissimuler l'existence de maladies ou d'infirmités, que ces actes aient lieu en matière de recrutement, de réforme, de congé, ou pour tout autre motif, et que ces opinions soient exprimées par écrit ou verbalement.

544. — Soustraction par les comptables, administrateurs militaires.

« N... est-il coupable d'avoir, le... à..., détourné ou soustrait frauduleusement tels objets ou valeurs, au préjudice de... lesquels étaient entre ses mains en vertu de ses fonctions de trésorier, officier payeur, capitaine d'habillement, etc., de tel régiment ?

— « Les objets ou valeurs détournés ou soustraits sont-ils d'une valeur au-dessus de trois mille francs ?

Ou : « N... est-il coupable d'avoir, le... à..., soustrait frauduleusement une somme de... (la somme doit dépasser trois mille francs) destinée à la solde de la troupe, dont il était dépositaire en sa qualité de trésorier, d'officier payeur de tel corps ou portion de corps ? » Art. 263 J. M. (Cir. att.)

Sans circonstances atténuantes, la peine est celle des travaux forcés à temps. — Avec admission de circonstances atténuantes, c'est la réclusion ou l'emprisonnement. — Dans les deux premiers cas, art. 263, J. M., 19 (ou 21), 47, C. P., 189, J. M.

Note. — S'il s'agit de deniers, de titres, d'effets ou objets quelconques d'une valeur moindre de 3,000 fr., il y a lieu de revenir à l'application de l'article 248 du Code de J. M., à moins qu'ils n'appartiennent ni à l'Etat, ni à des militaires, cas auquel il faudrait recourir à l'art. 171 du Code pénal.

545.—Soustraction ou suppression d'actes et de titres, soit par les fonctionnaires ou officiers publics, soit par leurs préposés ou les préposés du gouvernement. — Vaguemestres. — Poste aux lettres.

« N... est-il coupable d'avoir, le... à..., détruit, supprimé, soustrait ou détourné tel titre dont il était dépositaire en sa qualité de..., ou tel titre qui lui avait été remis ou communiqué à raison de ses fonctions de... (indiquer la fonction) ? » Art. 173 C. P.

Notes. — L'article 173 est applicable à l'employé de la poste qui soustrait des valeurs renfermées dans une lettre confiée à l'administration des postes. (Arr. des 14 juin 1850, 19 janvier 1855.)

La soustraction ou la suppression par un vaguemestre de lettres ou de valeurs contenues dans des lettres qui lui sont confiées par l'administration des postes à raison de ses fonctions, ne rentre pas sous l'application des textes du Code pénal.

On ne doit pas perdre de vue, en effet, que l'art. 248 du Code de J. M., qui qualifie de *vol* le détournement, par un militaire, de deniers ou d'effets dont il est comptable, et, par conséquent, détenteur en raison de ses fonctions, doit nécessairement être interprété, abstraction faite des règles et des définitions du droit commun, auquel le législateur a incontestablement entendu déroger.

546.—Trafic de fonds ou deniers par des administrateurs ou comptables militaires.

« N... est-il coupable d'avoir, le... à..., fait tel placement à son profit (ou tel autre trafic) de la somme de... appartenant à... qui ne lui avait été remise qu'à titre de dépôt ? » Art. 264 J. M.

Notes. — Les mots : *Hors les cas prévus par l'article précédent* insérés dans le texte de l'art. 264 feraient supposer que le trafic, au profit du coupable, des fonds et deniers qu'il a en sa possession, se trouverait prévu par des dispositions autres que celles de cet article. C'est une erreur. L'article 263 réprime des soustractions ou détournements qui sont plus et autre chose que le simple trafic, qui laisse nécessairement supposer qu'il n'y a pas eu détournement. — (V. Foucher, *Commentaire.*)

547. **Falsification de substances, matières, etc.**

« N... est-il coupable d'avoir, le... à..., falsifié ou fait falsifier telles substances, matières, denrées ou liquides confiés à sa garde ou placés sous sa surveillance ? »

Ou : (*Distribution de denrées falsifiées*). « N... est-il coupable d'avoir, le... à..., sciemment distribué ou fait distribuer telles substances, denrées, matières ou liquides falsifiés ? »

Ou : (*Distribution de viandes corrompues*) : « N... est-il coupable d'avoir, le... à..., et dans un but coupable, distribué ou fait distribuer des viandes provenant d'animaux atteints de maladies contagieuses, *ou* : des matières, substances, denrées ou liquides corrompus ou gâtés ? » Art. 265 J. M. (Cir. att.)

Si les circonstances atténuantes ne sont pas admises, la peine édictée étant la réclusion, on appliquera les art. 265, J. M., 21, 47 du C. P., 189, J. M.

Notes. — L'article 265 ne veut réprimer que la distribution faite *sciemment* de certaines denrées, de certaines viandes, à cause des effets qu'elles peuvent produire sur la santé, mais non ces effets eux-mêmes, de même que dans le 1er § la loi punit la falsification et la distribution des choses falsifiées, sans même vouloir distinguer, comme le fait la loi commune, la nature plus ou moins nuisible de la falsification et les effets que cette falsification pouvait produire.

Toute autre interprétation aurait pour conséquence d'établir entre les deux paragraphes, en ce qui touche aux éléments constitutifs de la culpabilité, une différence qu'ils ne comportent pas, et de faire prononcer la même peine pour deux faits dont le second serait cependant beaucoup plus criminel que le premier; car, par la falsification ou la distribution de denrées corrompues, le coupable n'a en vue que son profit personnel, tandis que, par la distribution de viandes corrompues *dans le but de nuire à la santé des hommes ou des animaux*, le crime a pour mobile une pensée plus ou moins meurtrière bien autrement grave. — (V. Foucher. *Commentaire.*)

548.—Usurpation d'uniformes, costumes, insignes, décorations et médailles français.

« N... est-il coupable d'avoir, le... à..., porté publiquement telles décorations, médailles, ou tels insignes, uniformes ou costumes français, sans en avoir le droit? »

Si les décorations, etc. sont étrangers : « N... est-il coupable d'avoir, le... à..., porté publiquement telles décorations, médailles ou insignes étrangers sans y avoir été préalablement autorisé ? » Art. 266 J. M.

SECTION 11. — Tentative. — Complicité.

---

549. Tentative.

« N... est-il coupable d'avoir, le... à..., tenté de..., etc., tentative manifestée par un commencement d'exécution, et qui n'a été suspendue ou n'a manqué son effet que par des circonstances indépendantes de la volonté de son auteur ? » Art. 202 J. M. — 2, 3 du C. P. — Voir aussi les articles 261 et 270 J. M.

Notes. — Les circonstances indiquées dans l'art. 2 du Code pénal sont constitutives de la criminalité de la tentative et doivent être énoncées dans la question. (Arr. 22 juin 1857.) — La loi n'ayant pas défini les circonstances formant le commencement d'exécution, en a confié l'appréciation à la conscience des jurés. (Arr. 28 juillet 1828).

Aux termes de l'art. 3 du Code pénal, les tentatives de *délits* ne sont considérées comme délits que dans les cas déterminés par une disposition spéciale de la loi.

Voy. les observations consignées, sous le nº 462, au sujet du *duel* et du *suicide*.

550. **Complicité.**

1º *Par dons, promesses, etc., et en donnant des instructions* : « N... est-il coupable d'avoir, le... à..., par dons, promesses, menaces, abus d'autorité et de pouvoir, machinations ou artifices coupables, provoqué à telle action, ou d'avoir donné des instructions pour la commettre ? » Art. 202 J. M., 59, 60, 1er § C. P.

Note. — Une simple provocation, sans aucune des circonstances déterminées par la loi, ne constitue pas la complicité. (Arr. 3 septembre 1812.)

2º *En procurant des armes* : « N... est-il coupable d'avoir, le... à..., procuré des armes, des instruments ou tout autre moyen qui a servi à telle action, sachant qu'ils devaient y servir ? » Art. 202 J. M. 59, 60, 2e § C. P.

3º *En aidant ou assistant.* — « N... est-il coupable d'avoir, le... à..., avec connaissance, aidé ou assisté l'auteur ou les auteurs de telle action dans les faits qui l'ont préparée ou facilitée, ou dans ceux qui l'ont consommée ? » Art. 202 J. M. 59, 60, 3e § C. P.

Notes. — La circonstance que c'est avec connaissance qu'on a aidé ou assisté, est constitutive de la complicité. (Arr. 2 juin 1832, 13 juillet 1843, 14 octobre 1846.) — Il est inutile de spécifier en quoi a consisté l'aide et l'assistance. (Arr. 5 mars 1841.) — Le seul fait de n'avoir pas empêché de commettre un crime ne suffit pas pour constituer la complicité par aide ou assistance. (Arr. 13 mars 1812.)

551.—Complicité en fournissant un lieu de retraite aux malfaiteurs.

« N... est-il coupable d'avoir, pendant telle époque, à...; fourni habituellement logement, lieu de retraite ou de réunion au nommé.... dont il connaissait la conduite criminelle, et qui s'est rendu coupable de telle action ? » Art. 202 J. M. 59, 61 C. P.

Note. — Les receleurs devant être punis de la même peine que les malfaiteurs, il faut que ces derniers soient nommés dans la question, et qu'ils aient encouru des condamnations pour crimes ou pour délits. (Arr. 9 juillet 1841.)

552. Complicité en recélant des choses enlevées.

« N... est-il coupable d'avoir, le... à..., recélé sciemment en tout ou en partie les choses enlevées, détournées, ou obtenues à l'aide de telle action ? » Art. 202 J. M. 59, 62 C. P.

Note. — La circonstance que c'est sciemment que l'on a recélé est constitutive du crime ou du délit. (Arr. 12 janvier 1833.)

Circonst. aggrav : « Au temps du recélé, l'accusé avait-il connaissance que le crime a été commis avec la circonstance de.... ? »

(Indiquer par autant de questions, les circonstances qui ont accompagné le crime.) — (Arr. 22 décembre 1836.)

Notes. — Tous les caractères de complicité spécifiés dans l'art. 60, entraînant les mêmes conséquences pénales, peuvent être compris dans la même question. (Arr. 16 avril 1842, 6 avril 1854:) — Mais on ne peut pas comprendre dans une même question les complicités par assistance et par recélé, les conséquences pénales n'étant pas les mêmes. (Arr. 23 novembre 1848.)

Il y a nullité pour complexité dans la question ci-après : « L'accusé

» est-il coupable d'avoir provoqué, par des promesses, à commettre » *les crimes* ci-dessus spécifiés ? » (Arr. 30 mai 1856.)

Lorsqu'il y a une question posée relativement à l'auteur principal, il suffit de s'y référer en ce qui concerne le complice ; ainsi, par exemple, on demandera si N... est coupable d'avoir, avec connaissance, aidé l'auteur de *l'action ci-dessus spécifiée* dans les faits, etc. ; mais si l'auteur principal n'est pas en cause, il faut détailler le fait incriminé dans la question relative au complice, et, par exemple, on demandera si N... est coupable d'avoir, avec connaissance, aidé l'auteur du vol, commis tel jour, dans les faits, etc. ; et on posera ensuite les circonstances aggravantes du vol. (Arr. 31 août 1854.) — Lorsque les circonstances aggravantes ont été posées relativement à l'auteur principal, il n'y a plus à les poser relativement au complice, celui-ci, d'après l'art. 59, devant être puni de la même peine que l'auteur principal. (Arr. 19 janvier 1838.) — Mais le Conseil, tout en acquittant l'auteur principal, doit s'expliquer sur les circonstances aggravantes, dans le cas où il condamne le complice (arr. 8 janvier 1835.) ; sa réponse doit alors être comprise en ce sens que le crime a été commis, mais que l'accusé principal n'en est pas coupable. (Arr. 26 février 1841.) — Pour qu'un complice soit puni, il n'est pas nécessaire que l'auteur du crime soit présent, ni qu'il ait été poursuivi, ni même qu'il soit connu ; il suffit que l'existence du crime soit constatée. (Arr. 24 septembre 1834.) — Le Conseil peut condamner le complice plus sévèrement que l'auteur. (Arr. 19 septembre 1839.) — Le complice (hors le cas de l'art. 63) est passible de la même peine que l'auteur principal, c'est-à-dire qu'il sera puni de la peine portée par la loi contre le crime (Arr. 19 septembre 1839, 15 septembre 1843, 14 septembre 1854 et 16 juin 1855). Mais le complice ne subit pas l'aggravation encourue par l'auteur principal à cause de la récidive. (Arr. 3 juillet 1806.) — Les motifs d'atténuation de peine, personnels à l'auteur, ne peuvent s'étendre au complice (20 décembre 1832). — Le complice doit être condamné aux peines afférentes au crime, quoique l'auteur soit acquitté (21 novembre 1839, 9 février 1855). — Lorsque deux accusés sont déclarés avoir commis le même crime en réunion, il en résulte qu'ils se sont rendus complices l'un de l'autre, et que chacun est passible de l'aggravation de peine résultant de la qualité de son coauteur (22 janvier 1852).

L'aide et l'assistance prêtées par des témoins à deux individus qui se battent en duel constituent la complicité des délits et crimes qui peuvent être reprochés aux auteurs principaux. (Arr. 2 fév. 1839). — Voy. les observations consignées, sous le n° 462, au sujet du *duel*.

APPENDICE.

553. Tableau synoptique d'une séance.

Nota. Les chiffres renvoient aux numéros de l'Ouvrage.

Le Conseil de guerre étant réuni, le président déclare que la séance est ouverte. — 30.

Le greffier donne lecture des ordres de la division relatifs aux mutations survenues parmi les membres du Conseil.

Le président ordonne au sergent de service ou à l'appariteur d'amener l'accusé. — 30.

Si l'accusé refuse de comparaître, il peut être amené par la force. — 32, 33.

Constatation de l'identité. — Le président dit : « Accusé » (ou prévenu), quels sont vos nom et prénoms?... Votre » âge?... Votre profession?... Votre domicile?... Votre lieu » de naissance?... » — 30.

S'il y a plusieurs accusés, les mêmes questions sont répétées pour chacun d'eux.

Si l'accusé refuse de répondre, il est passé outre. — 31.

Avertissement au défenseur. — Le président dit : « M. le » défenseur, je dois vous rappeler les prescriptions de l'ar» ticle 121 du Code de Justice militaire. » — 43.

Introduction des témoins dans la salle d'audience. — Le président dit : « Faites entrer les témoins. » L'appariteur ou le sergent de service introduit les témoins qui prennent place dans les bancs qui leur sont réservés (1). — 39.

(1) Dans plusieurs Conseils de guerre on procède encore, à l'égard des témoins, ainsi qu'on avait coutume de le faire avant la promulgation du Code

Huis-clos. — Si la publicité est dangereuse pour l'ordre ou pour les mœurs, le Conseil, après avoir entendu les réquisitions du ministère public, se retire pour délibérer — 12 —, et le président prononce publiquement le jugement indiqué sous le N° 423, lequel ordonne que les débats auront lieu à huis-clos.

Incidents pendant le huis-clos. — Toutes les décisions, tous les jugements qui peuvent être rendus pendant le cours d'un affaire jugée à huis-clos sont prononcés publiquement — 21.

Lecture des pièces. — Le président dit : « Accusé, soyez » attentif à ce que vous allez entendre..... — (Au greffier) : » M. le Greffier, donnez lecture de l'ordre de convocation » et du rapport sur l'affaire (ainsi que de telles autres » pièces dont la lecture paraîtrait utile au président). » — 39.

Avertissement à l'accusé. — *Après la lecture des pièces.* — Le président rappelle à l'accusé les charges qui pèsent sur lui, puis il lui dit : « Je dois vous rappeler que la

militaire ; c'est-à-dire qu'après la constation de l'identité de l'accusé et avant la lecture des pièces, on introduit les témoins dont le Greffier fait aussitôt l'appel et qu'on reconduit ensuite dans la salle qui leur est affectée. — Ce mode de procéder, qui paraît surtout avoir pour but d'empêcher les témoins d'assister à la lecture du rapport sur l'affaire, n'est nullement en harmonie avec les usages adoptés par toutes les Cours d'assises. Devant ces dernières, en effet, les témoins entendent non seulement la lecture de l'acte d'accusation et celle de l'arrêt de renvoi de la Chambre des mises en accusation, mais encore l'exposé de l'accusation par le Procureur-Général. (Art. 315 du C. d'Inst^on^ C^elle^). En ce qui concerne les Conseils de guerre, le Code de Justice M^re^ (art. 128) ordonne d'observer les dispositions des art. 315 et suivants du Code d'Inst^on^ C^elle^. Il est donc rationnel de se conformer aux usages mis en pratique par les Cours d'assises, usages qui n'offrent pas plus d'inconvénients pour la juridiction militaire qu'ils n'en présentent pour la juridiction criminelle ordinaire. Toutefois, je dois ajouter qu'aux termes d'un arrêt de la Cour de Cassation, en date du 6 avril 1866, la lecture de l'acte d'accusation (c'est-à-dire du rapport prescrit par l'article 108 du Code de J. M.) ne doit pas, à peine de nullité, être faite en présence des témoins.

» loi vous donne le droit de dire tout ce qui est utile à » votre défense. » — 42.

Appel des témoins. — « M. le Greffier, faites l'appel des témoins. » — 41.

Si, à la lecture, par le greffier, de la liste des témoins, l'un d'eux fait défaut sans motif légitime, le Conseil, après en avoir délibéré, le condamne à l'amende — 122, 124, — et ordonne qu'il sera passé outre. — 122.

Si la présence du témoin est indispensable, le président prononce la suspension de l'audience. — 127.

Si la suspension devait durer plus de 48 heures, le Conseil prononcerait le renvoi de l'affaire. — 131.

Retraite des témoins dans leur chambre. — L'appel des témoins terminé, le président dit au sergent de service ou à l'appariteur de les conduire dans la chambre qui leur est destinée. — 41.

Interrogatoire de l'accusé. — Le président ordonne à l'accusé de se lever et l'interroge sur les faits qui lui sont imputés. — 44.

Si l'accusé refuse de répondre, il est passé outre. — 31.

S'il se livre à des clameurs, il peut être reconduit en prison et même condamné pour ce fait. — 36, 431.

S'il se rend coupable d'outrages et de voies de fait envers l'un des membres du Conseil, il est condamné séance tenante. — 37, 38, 432.

Les juges, le commissaire impérial, peuvent questionner l'accusé en demandant la parole au président. — 47.

Le défenseur communique librement avec l'accusé. — 47.

Si un accusé a été momentanément absent de la séance pendant l'interrogatoire d'un coaccusé, le président doit lui rendre compte de ce qui a été dit et fait pendant son absence. — 46.

Pièces de conviction. — Le président représente à l'accusé les pièces de conviction. — 49.

Audition des témoins. — L'interrogatoire terminé, le président ordonne au sergent de service ou à l'appariteur de faire entrer le premier témoin. — 59.

Le président dit au témoin : « Levez la main droite...
» Vous jurez de parler sans haine et sans crainte, de dire
» toute la vérité, rien que la vérité... dites : Je le jure...
» (baissez la main)... Quels sont vos nom et prénoms ?...
» Votre âge ?... Votre profession et domicile ?... Connais-
» siez-vous l'accusé avant les faits qui lui sont reprochés ?...
» Êtes-vous parent ou allié de l'accusé ?... Vous n'êtes pas
» à son service et il n'est pas au vôtre ?... Dites ce que
» vous savez ?... » — 60.

Le témoin ne peut être interrompu. — 61. — Il dépose oralement. — 61.

Le président peut demander au témoin tous les éclaircissements nécessaires à la manifestation de le vérité. — 61.

Les témoins ne peuvent s'interpeller entre eux. — 111.

Les enfants au-dessous de quinze ans sont entendus avec ou sans prestation de serment. — 68.

L'accusé et le commissaire impérial peuvent s'opposer à l'audition de parents au degré prohibé. — 113.

Si un témoin fait défaut, s'il refuse de prêter serment ou de déposer, le Conseil, après en avoir délibéré, peut le condamner à l'amende. — 122, 125, 434.

Les juges et le commissaire impérial peuvent questionner le témoin en demandant la parole au président. — 61.

Le défenseur ne peut le faire que par l'organe du présisident. — 62.

Si le témoin se rend coupable de clameurs, ou d'outrages et de voies de fait envers l'un des membres du Conseil, il est condamné séance tenante. — 103, 26, 27, 28, 29, 431, 432.

Si un accusé est momentanément absent pendant l'audition d'un témoin, le président doit lui rendre compte de ce qui s'est passé pendant son absence. — 46, 309.

Les ministres du culte, les avocats, les avoués, les notaires, les médecins, les pharmaciens, les sages-femmes, sont dispensés de rendre témoignage dans des circonstances données. — 117, 118, 119, 120, 121.

Le président peut faire entendre toute personne en vertu de son pouvoir discrétionnaire. — 313. — Il prévient ces témoins qu'ils sont entendus à titre de renseignements sans prestation de serment. — 319.

Pièces de conviction. — Les pièces de conviction sont représentées aux témoins. — 65.

Témoins à décharge. — Ils sont entendus de la même manière que les témoins à charge, et ordinairement après l'audition de ces derniers. — 104, 106.

Fausse déposition. — Si une déposition paraît fausse, le président avertit le témoin du danger auquel il s'expose; il ordonne, s'il y a lieu, son arrestation. — 142, 143, 144.

Interprète. — Si un témoin ne parle pas français, ou s'il est sourd-muet, le président nomme un interprète. Le président dit : « Vous jurez de traduire fidèlement les discours » à transmettre entre le tribunal et le témoin (ou l'accusé)? » dites : Je le jure... Quels sont vos nom et prénoms ?... » Votre âge ?... Votre profession et domicile ?... Êtes-vous » parent ou allié de l'accusé ?... Vous n'êtes pas à son ser- » vice et il n'est pas au vôtre ?... — 87.

Expertise. — Le président peut ordonner une expertise. — 94. Lorsqu'il y a des conclusions, c'est au Conseil à prononcer. — 95, 96.

Expert. — Si l'expert doit prêter serment, le président lui dira : « Vous jurez de faire votre rapport et de donner » votre avis en votre honneur et conscience ?... Quels sont » vos nom et prénoms ?... Votre âge ?... Votre domicile et » profession ?... Êtes-vous parent ou allié de l'accusé ?... » Vous n'êtes pas à son service et il n'est pas au vôtre ?... » Faites connaître au Conseil le résultat de vos opéra- » tions... — 93.

Assistants. — Les assistants qui causent du tapage, qui se rendent coupables d'outrages et de voies de fait envers le Conseil, sont jugés séance tenante. — 26, 27, 28, 29.

S'ils commettent d'autres crimes ou délits à l'audience, ils sont jugés séance tenante, s'ils sont militaires, et renvoyés devant le procureur impérial, s'ils ne sont pas militaires. — 387, 433, 435.

En état de guerre ou de siége, le Conseil statue indistinctement sur tous les crimes et délits commis à l'audience. — 388.

Après la déposition de chaque témoin. — Le président dit : « C'est bien de l'accusé présent que vous avez entendu » parler ?... — 64.

A l'accusé. — « Qu'avez-vous à répondre à ce qui vient « d'être dit contre vous ?.... — 64.

Suspension de l'audience. — Si une suspension de quelques instants est nécessaire, le président dit : « La séance » est suspendue pendant cinq ou dix minutes. »

Si cette suspension est motivée par un témoin dont la présence est nécessaire, le président dit : « Attendu que la » présence de tel témoin est nécessaire, renvoyons la » séance à demain, à *telle* heure. — Ou : suspendons la » séance pendant une heure, etc. »

Si l'heure est trop avancée pour la continuation des débats, le président dit : « Vu l'heure avancée, renvoyons à » demain, à... heure, la suite des débats. » — 127, 128, 129.

Reprise de l'audience. — Le président dit : « L'audience » est reprise, ou : les débats sont continués. »

Incident pendant l'audience publique. — Lorsque des conclusions sont prises par l'accusé ou par le ministère public, le président donne la parole à l'une ou à l'autre des parties. Après les avoir entendues, il dit : « Le Conseil va en délibérer, » et le tribunal se retire dans la chambre de ses délibérations. — 391 et suiv.

Plaidoiries. — L'audition des témoins terminée, le président donne la parole au commissaire impérial pour son réquisitoire — 160. Il la donne ensuite au défenseur — 163. — En cas de réplique, le défenseur a toujours la parole le dernier.

Après les plaidoiries. — Le président dit : « Accusé, avez-vous quelque chose à ajouter pour votre défense?... » — 166.

Il déclare ensuite que les débats sont terminés. 166.

Le Conseil se retire dans la chambre des délibérations. 166.

Le jugement est prononcé publiquement, dans la forme indiquée au chapitre VII.

Le président déclare que la séance est levée.

TABLE ALPHABÉTIQUE DES MATIÈRES.

(*Nota.* — Les chiffres renvoient aux numéros de l'ouvrage.)

A

B

C

D

F

G

H

I

J

L

M

N

O

P

Q

R

S

T

U

V

ERRATA.

L'auteur, qui est à Marseille, ayant fait imprimer à Caen le présent ouvrage, il n'est pas étonnant que plusieurs fautes s'y soient glissées. En voici quelques-unes qui l'ont frappé, à la lecture des feuilles tirées, et qu'il signale pour mettre en garde contre celles qu'il n'aurait pas aperçues.

Page 20, N° 85.—Le mot *interpellation*, fin d'une citation, qui termine le 3ᵉ alinéa, doit être suivi d'un guillemet final.

— 39, N° 174.—Au lieu de: *La lecture des pièces* TERMINÉES, lisez: *La lecture des pièces* TERMINÉE.

— 48, N° 212,—ligne 10ᵉ, au lieu de: N° 241 ET SUIV., il faut: N° 243 et SUIV.

— 96, (dernière ligne) et page 97, ligne première, au lieu de: *Condamne les nommés Adam et Noël,...* lisez · *Condamne solidairement les nommés, etc.*

— 101, N° 419,—ligne 7ᵉ, au lieu de: *prescriptions*, lisez: *prescription*.

— 172, N° 502,—(*note*) ligne première, au lieu de : « *Aux termes de l'article* 379 *du Code ordinaire*, lisez : *aux termes de l'article* 379 *du Code pénal ordinaire.*

www.ingramcontent.com/pod-product-compliance
Ingram Content Group UK Ltd.
Pitfield, Milton Keynes, MK11 3LW, UK
UKHW021924230726
13925UKWH00007B/493

9 782014 055047